LOSE THE RESUME,
LAND THE JOB

从求职到入职

光辉国际CEO手把手教你

[美] 加里·伯尼森（Gary Burnison）——著
王青梅——译

清華大學出版社
北京

北京市版权局著作权合同登记号 图字：01-2018-5928

Gary Burnison
Lose the Resume, Land the Job
EISBN: 978-1119475200

Copyright © 2018 by John Wiley & Sons, Inc. All Rights reserved.

Original language published by John Wiley & Sons, Inc. All Rights reserved.
本书原版由John Wiley & Sons, Inc.出版。版权所有，盗印必究。

Tsinghua University Press is authorized by John Wiley & Sons, Inc. to publish and distribute exclusively this Simplified Chinese edition. This edition is authorized for sale in the People's Republic of China only (excluding Hong Kong, Macao SAR and Taiwan). Unauthorized export of this edition is a violation of the Copyright Act. No part of this publication may be reproduced or distributed by any means, or stored in a database or retrieval system, without the prior written permission of the publisher.

本中文简体字翻译版由John Wiley & Sons, Inc.授权清华大学出版社独家出版发行。此版本仅限在中华人民共和国境内（不包括中国香港、澳门特别行政区及中国台湾地区）销售。未经授权的本书出口将被视为违反版权法的行为。未经出版者预先书面许可，不得以任何方式复制或发行本书的任何部分。

本书封面贴有Wiley公司防伪标签，无标签者不得销售。

版权所有，侵权必究。侵权举报电话：010-62782989 13701121933

图书在版编目（CIP）数据

从求职到入职：光辉国际CEO手把手教你 /（美）加里·伯尼森（Gary Burnison）著；王青梅译. —北京：清华大学出版社，2020.2
（新时代. 职场新技能）
书名原文：Lose the Resume, Land the Job
ISBN 978-7-302-53137-1

Ⅰ. ①从… Ⅱ. ①加… ②王… Ⅲ. ①职业选择 Ⅳ. ①C913.2

中国版本图书馆CIP数据核字（2019）第110431号

责任编辑：刘　洋
封面设计：徐　超
版式设计：方加青
责任校对：王凤芝
责任印制：丛怀宇

出版发行：清华大学出版社
　　　　网　　　址：http://www.tup.com.cn，http://www.wqbook.com
　　　　地　　　址：北京清华大学学研大厦A座　　　邮　　编：100084
　　　　社 总 机：010-62770175　　　邮　　购：010-62786544
　　　　投稿与读者服务：010-62776969，c-service@tup.tsinghua.edu.cn
　　　　质 量 反 馈：010-62772015，zhiliang@tup.tsinghua.edu.cn
印 装 者：三河市铭诚印务有限公司
经　　销：全国新华书店
开　　本：187mm×235mm　　　印　张：15.25　　　字　数：325千字
版　　次：2020年2月第1版　　　印　次：2020年2月第1次印刷
定　　价：79.00元

产品编号：081266-01

内容简介

作为 *Lose the Resume, Land the Job* 一书的中文版，本书为所有求职者提供一个切实可行的求职方法。

在一开始，本书就提醒了职场中的人们要保持警觉。当你感觉陷入困境中时，就该考虑下一份工作了。在开始寻找下一份工作之前，你需要了解你自己：什么样的工作环境与你相匹配？什么样的老板能够成就你？而接下来的全面学习者的建议，更是帮助你借助于内外部的因素，走出内心的困境。当这一切准备好后，开始搜索目标，你的目标工作在哪里？你需要坚定你的信心，当找到这个目标时，建立网络，将自己推近这个目标。

本书作者并没有如英文书名中所说的那样建议求职者扔掉简历，而是详细地介绍了如何撰写简历，并称为"你的故事"，形象化地指出了简历的作用。简历准备好了，那么如何让更多的人，特别是招聘顾问和用人经理知道你呢？作者推荐了目前全球应用范围最广的职业招聘网站——领英。这个网站目前在国内也有相当高的知名度。通过这个渠道，招聘顾问找到你，你在本书的建议下，与招聘顾问或者猎头建立联系。招聘顾问通常会匹配合适的机会给求职者。幸运的话，你将进入面试环节。

面试，作者称之为面谈，是相互了解的过程。作者提炼出了ACT原则：保持真实、建立连接和使他人能够感受到你。这三个简单的字母将帮助你通过面试这一关。

本书最后建议：当你获得一份工作时，就是你开启下一个求职螺旋的时候。

本书的主线是随着求职的过程展开的，在每一节点，适时地提供了必要的工具和建议，具有很强的可操作性。文中的举例，幽默又不失意义，很好地诠释了章节的要点。让我们一起阅读本书，开启职场之旅吧。

作者简介

加里·伯尼森先生现任光辉国际咨询公司首席执行官兼董事会成员。在他的领导下，该公司已转型为一家拥有超过8 000名员工的全球性咨询公司。今天，光辉国际帮助客户设计他们的组织结构、角色和责任、薪酬体系，以及如何选择雇用合适的人才，如何发展和激励他们的员工等。

伯尼森先生的职业生涯始于毕马威会计师事务所（KPMG），1984—1995年担任毕马威的合伙人；1995—1999年，作为高级执行官和总监任职于杰富瑞投资银行；在1999—2001年期间，伯尼森先生是一家私人咨询公司的持有人，这家公司负责开发和支持技术解决方案，直至2002年加入光辉国际。

伯尼森先生被《纽约时报》评为畅销书作家，除了新书《从求职到入职：光辉国际CEO手把手教你》外，还著有《不怕失败：领导者如何应对风险和变革的真实故事》《领导与领导历程：如何掌握成为伟大领导者的四个关键领域》。伯尼森先生还是《福布斯》、CNBC、彭博、福克斯商业和其他主要国际新闻机构的固定撰稿人。

我对这本书所带来的力量,以及它提供的独特的资源充满信心,因为它能帮助您找到最适合自己的职业生涯。

您的成功就是对我们最重要的认可。

——加里·伯尼森

奉送给所有厌恶他的老板的人

前 言

　　一天清晨，我在驾车沿着太平洋海岸高速公路上班的途中，太阳在我的右侧闪耀着跃出海面时，整个交通突然慢了下来，就像是在爬行。有几部车在六车道的高速公路中间停了下来，而通常这里的车速是五十五英里每小时。一人从他的卡车中走出来，凝视着地面。当我缓慢绕行通过时，看到了难以置信的一幕：一只臭鼬把头卡在了一个装饮料的塑料杯中。很显然，这只臭鼬在想喝掉杯底最后一滴甜甜的饮料时，卡住了口鼻。它疯狂地又是左又是右地蹦跳着，不停地甩着脑袋，尝试着从杯子中挣脱出来，但是徒劳无功。这个人小心翼翼地围绕着这个小动物，拿不定主意是做这个无助者的英雄还是做这个无知者的受害人。最终，动物保护官员到达现场，从这只可怜的动物的脑袋上取下了饮料杯。但是，那个人和那只臭鼬的形象深深地印在了我的记忆中。

　　当下，有太多的人在寻找下一份工作时，感到无助和毫无头绪。更多的时候，他们的表现就像上文中提到的那只臭鼬。他们往往只看到所谓的"甜甜"的机会，没有意识到这个机会是否适合自己。他们如同这只臭鼬一样，结果发现自己被卡住了。他们置身于不合适的环境当中，与这里的文化不匹配。他们在为不合适的老板工作，这些老板永远不会成就他们，不会让他们获得经验从而提升他们的技能。他们能做的就是不停地甩着自己的脑袋，不知道如何从这一团乱麻中脱身。

　　我如何才能得到一份新工作？会有什么样的花费？我该如何撰写简历？我该如何推进求职过程？不仅是处于职业发展初期的人们会问这些问题，所有级别的人，甚至包括那些拥有二三十年工作经历的人，都问过同样的问题。

　　发生在他们身上的令人沮丧和困惑的经历大致相同。我不禁有些感同身受。但是坦率地说，内心深处，我觉得他们出了一些严重的问题。他们的整个方法完全错了。

在我三十五年的职业生涯中，包括最近十年担任上市公司首席执行官期间，我一直对人们在职业生涯中表现出来的天真感到震惊。从最老练的职场老手到经验欠缺的职场新手，从《财富》500强的董事会成员和经验丰富的高管到应届毕业生，人们都对如何找到自己的下一次"出场"机会感到困惑。不知道该怎样做，他们只好求助于老方法——"让我把我的简历发给你吧"，这就像说"我们去吃午餐吧"一样毫无意义。当你这样讲时，你知道你不会真的去吃午餐。同理，你不会真的去发送你的简历。除非有人真的想要倾听你说些什么，否则，你的简历不会有用处。

> **"让我把我的简历发给你吧"，这就像说"我们去吃午餐吧"一样毫无意义。**

这就是为什么你需要扔掉简历才能够获得一份合适的工作。当然，你仍然需要一份简历，但是不要寄希望于它比一张名片或者开启一场对话更有用。不幸的是，人们将他们获得一份新工作90%的可能性归功于简历，而实际上这个可能性只有10%。毋庸置疑，发送出简历并不能让人们得到他们想要的结果。

即便几乎任何拥有良好教育背景和一定工作经验的人都可以找到一份工作，但是找到一份合适的工作却并不容易。事实上，从来没有这么困难过。忘记当下似乎并不糟糕的失业率；大部分的失业数据掩盖了这样一个事实，就是技术与残酷的全球化经济的结合使得我们几乎不可能找到一份符合我们需求的薪酬的工作或者符合我们目标的工作。在一次又一次的调查中，我们都能得到相同的抱怨：薪酬没有增长，工作积极性在下降，工作稳定性正在消失。这里有一个荒谬的数据：美国一半工人的工资水平每月都有大幅度的波动——几乎30%的浮动比率。

然而，摆脱这一困境的唯一方法就是参与到一个人们从未想到会如此艰难或漫长的求职过程中去。如果你同大部分人一样，那么你在一开始就会犯致命的错误，就是坐等机会的来临。考虑到每个公司空缺职位平均会收到250份简历——通常前200份简

前言

历在职位发布后的几秒钟之内就会收到——所以这种方法明显消极被动，而且不符合逻辑。而一旦你错失了机遇，你会更加迫不及待地投递出更多的简历。你会觉得自己被卡住了，就像个受害者。

> **人们将他们获得一份新工作90%的可能性归功于简历，而实际上这个可能性只有10%。**

随着时间的推移，你开始怀疑自己。如果你失去了信心，绝望就会随之而来。很快你就会失去自我洞察能力，并且不知道你想要的工作在哪里。你宁可在一个职位上慢慢颓废萎靡，也不愿尝试任何其他的机会。或者你干脆离职——这是你需要避免的头号错误——因为你需要在在职状态下寻找下一份工作。当你"推销自己"时，你必须消除每一个可能令你折戟职场的危险信号。

这就是你将在本书中得到的一种直白的对话，这样你就不会再受那些明显不利于你的事情的摆布了。为了打破这个怪圈，你需要改变自己的策略，转换到一个更加积极和更有计划性的方式中去。

我以冲浪运动做比喻，这也是我自己人生哲学的体现。我相信，每个人在自己的人生旅程中都会遭遇一定数量的"巨浪"——有些是惊涛骇浪，有些则小得多。应对之策就是，当巨浪出现时，你要知道什么时候以及有多大的难度来划水应对，为了成功怎样定位你自己——在巨浪击垮你之前何时可以脱离困境，以及何时驾驭巨浪到达岸边。有一点是必须肯定的：永不向下看。而应该向上看，向前看，翱翔天际。本书的内容是关于你要为自己创造更多的巨浪，创造更多的机会来拓展你的学识，连接你的目标，并给你的工作带来更大的意义。

这种方法要求具备行动力和努力。你必须了解你是什么样的人，你的优势和不足，你的目标，以及是什么在激励着你。你需要知道在什么样的环境中你能够得以发展，甚至与什么类型的老板共事对你更有利。你必须拟定一份以你想要的工作为目标的计划书，同时，你要建立帮助你找到目标雇主的战略性人际网络。最重要的是，你的成就和细节的描述必须使你过去的工作经历看起来达到六年级家庭作业的水平。例如，"调研"一家公司的文化不意味着只是在网络上浏览公司评论，可能需要寻找和听取上市公司每季度的盈利数据。事实上，需要的细节几乎总是被人们忽略。

幸运的是，你有助力。在光辉国际，我们已经向八百万高管展示了如何成就他们的职业目标。作为全球最大的招聘顾问公司，我们每三分钟就完成一份工作的招聘。虽然我们以从事高管招聘超过50年而闻名，但是现在我们公司涉及的业务领域更为广阔：我们是人才发展和组织发展的领导者。超过一半的业务涵盖了提升高级管理人才和职业经理人才以及为全球领先的公司提供组织战略方面的建议。（全面披露的是：光辉国际还为求职者个人提供了一个名为KFAdvance.com的新工具，以指导这一过程。但即使是我们的教练也会告诉你，你仍然需要努力工作。）

针对招聘、雇用和人才挽留背后的研究令人着迷。我们公司拥有自己的"研究院"，招募了来自全球顶尖大学的博士们。他们开发的能力评估测试系统让人惊讶，这个系统能够通过测试其能力准确地预测任何人的未来管理行为。这些——来自于我自己和光辉国际全球8 000多位员工的专业知识——被带入到本书中，并被精炼成简单的练习和评估，这些能够帮助到你。

你将会获得目前仅给予高级管理人员的自我洞察的方法和工具。当一个人成为一个空缺职位第100位候选人，并在谈及如何成为一位"团队合作者"时，我们会给你提示招聘人员到底在思考什么，而不是去论证对如何合作的理解。

借助于这些百科全书式的知识和新的高效的方法，你会看到事情向你所期望的方向发展。就像《点球成金》这部畅销书也是布拉德·皮特主演的电影一样，它描述了奥克兰如何通过激进的方法打造一支成功的棒球队。他们没有派出高价超级球星上场，而是做出了战略选择，极大地提高了获胜的机会。把本书视同你的《点球成金》的剧本，一步一步地，你会学到怎样有效地提高你获胜的机会。

《从求职到入职：光辉国际CEO手把手教你》一书包括三部分的内容。首先是了解

前言

你自己——你的优势和不足、动机、行为和个性特征。我们将通过一系列的人格测试来帮助你完成这一部分,这项测试是我们开发的,并拥有全球知识产权。相信我,你不会比这个测试智高一筹。这些测试会揭示你现在所拥有的不知道的特质——而招聘人员却肯定能够发现。

然后,我们会向你展示怎样匹配这些技能,而这些技能恰恰是一些特定公司所需求的,而不是把时间浪费在不需要这些技能的公司上。为此,你会针对这些公司及其人力资源团队进行一些你想象不到的侦察工作。最后,你会学到如何通过精心制作的简历、仔细修饰的网络和社交媒体形象,以及至关重要的面对面(或通过Skype)面试来呈现你的故事。当你拿到这份工作的录用通知书时,我们会让你深入了解公司在薪水和非薪水问题上的想法。

最后,你需要面对这样一个事实,即在21世纪寻找工作需要你自己都不曾了解到的你所拥有的专注力和奉献精神。

你愿意去做这些事吗?如果是,那么在本书的结尾,你会有更多的东西放在你的求职工具库中——而不是只有简历。你可以得到一套完整的方法,这种方法基于你是谁,在哪里你可以最成功,以及用你所讲述的故事去打造你和未来雇主之间的联系。而且,这比仅仅得到下一份工作更能增强你的能力。这也是你未来走向成功的关键所在。

> **在21世纪寻找工作需要你自己都不曾了解到的你所拥有的专注力和奉献精神。**

目 录

第一章　敲响警钟 ………………………………………………… 2

第二章　了解你自己 ……………………………………………… 20

第三章　成为全面学习者 ………………………………………… 36

第四章　以下一次机会为目标 …………………………………… 64

第五章　人际交往是一种建立联系的运动 ……………………… 82

第六章　简历：你讲述的故事 …………………………………… 96

第七章　管理网络形象 …………………………………………… 116

第八章　与招聘顾问合作 ………………………………………… 132

第九章　面试准备：不要从心理上让自己出局 ………………… 146

第十章　将你的ACT付诸行动 …………………………………… 168

第十一章　你的下一份工作 ……………………………………… 186

附录 ………………………………………………………………… 199

光辉国际职业提升项目 …………………………………………… 225

致谢 ………………………………………………………………… 227

第一章

敲响警钟

严酷的事实	6
获得线索	8
当激情和目标偏离时	12
老板问题	14
创业者扎克的故事	15
找工作的错误理由	17
找工作的正确理由	18

"**我**找到新工作了。"你曾经多次对你的家人和朋友说过这句话,当你再次这么说的时候,他们都要准备逃走了。贴在冰箱上的便笺上或者你的iPhone手机日历里胡乱写满了各式各样的提醒。在过去这几年里是什么促使你去做这样的变动,选择其中的一个理由:你的老板简直就是一个噩梦;公司公布了亏损;你的工作不被赞赏。或者更加积极一点,你认为你已经完成了一项令人刮目相看的工作,应该得到一个很棒的机会——就像你那位活泼的邻居珍,她似乎只付出了你一半的努力就得到了那个机会。你脑海中一直萦绕着这样的想法:"我要找一份新工作。就在今天!我不是在开玩笑。"

这意味着该去浴室照照镜子了,拍点冷水在脸上,然后问问自己:

现在该怎么办?

第一章

敲响警钟

有一个简单贴切的回答,整个行业都会这么说:完善简历,开始在网上搜索工作。你肯定见过这些公司,不知从什么地方冒出来一个简历撰写行业,仅在美国,排得上名的就有4 000~6 000家这样的公司。大部分是单人操作,然而最知名的公司已经成为拥有自己的应用程序和电子邮件提醒功能的行业巨头。这些公司会告诉你他们使用了人类已知的最好的人工智能技术,保证没有任何一个空缺职位能够逃脱了你的注意,而你每一行简历都可以被制作成恰好是公司人力资源部需要的那个样子。通过这些玫瑰色眼镜传来了千篇一律的信息:只需要点击几下鼠标(也许会产生些许费用),你就可以去参加面试了!

当然,所有这些都忽略了求职变得越来越难这样一个事实。这些变化与人工智能或者先进机器人等宏观经济因素无关。相反,是求职过程已经发生了根本性的变化。回溯过去的三十到四十年间,求职很简单。你在当地报纸上寻找招聘广告,找到与你技能相匹配的职位。求职市场也严格地局限在特定的城市或者区域,你所面临的竞争也仅局限于本区域当地的求职者之间,世界也不像现在这样专业化。你只要写一封信或者打个电话,只要雇主喜欢你,那么这份工作就是你的了。在一天之内就找到工作特别是在一座小城市内并不是不可能。

当然,现在的求职过程已经远比之前更为广泛和民主。借助于互联网和专业求职网站,例如无所不在的领英(LinkedIn),求职者很容易就能找到空缺的职位信息。作为一种惯例,几乎每家全球性的组织机构都在自己公司的网页上发布工作机会,以便利用互联网的优势尽可能广泛地传播出去。这听起来不错,但实际上还是存在着问题。现在的求职大门敞开着,任何人从任何地方都可以应聘,甚至包括那些不符合异地工作条件的人。同时,很多人确实是在盲目地申请,埋没了真正合格的求职者的希望。

当然,你的确可以通过在你的简历或者在领英上你的个人文档中增加关键词,以提高被搜索引擎找到的概率,但即便是优秀的求职者,想从这片充满渴望的求职者的汪洋大海中脱颖而出,也是极为困难的。整个求职过程会变得令人沮丧。人们花了很大的精力来撰写他们的简历——甚至是使用他们喜欢的新罗马字体——但是当他们在网上或电子邮件中提交简历时,却没有任何用处。

不可明说的真相

如果你只发简历,你就不会有被录用的机会。

从求职到入职

严酷的事实

在过去的几年中,我曾经收到了大量的简历,都是我不认识的人主动投过来的。你猜怎么着?它们几乎哪里也不会去。更多的时候,我甚至都不打开这些文件。这样的苛刻或不公可能会打击到你,但据我所知,很多公司的首席执行官们或者高管们常常这么做:他们也不会打开你的简历。

这种状况让我回想起"扔掉简历"的核心建议——一个很形象化的说法。当然,你首先得有一份简历。但你应该正确看待它。你的简历本身不会为你找到下一份工作,也肯定不会让你的事业沿着你真正想要的方向发展。

事实上,如果你仅是发出简历,你就已经输了。考虑下这些统计数据:平均每个空缺职位会收到250份简历,通常最初的简历筛选会淘汰掉98%的求职者,只有2%的求职者会有面试的机会。大部分的简历撰写指导书中是不会引入这些数字的。再次重申,本书不会成为那种类型的书。本书给出了不同的目标:启发你一些参与其中的规则——怎样去思考、行动、展示你自己,以及怎样去讲述属于你的独特的故事——从而你可以从中胜出。

别搞错了,找工作是你和其他求职者之间的终极竞争。你需要具备真正竞争者的心态。NBA前球星阿伦·艾弗森在名人堂的就职演说中提道,正如他在这项运动中学到的,"如果非你即我,那么只能是我"。如果你的心态是无所谓,那么你就不会成就自己的目标。要想胜出,你必须有紧迫感。一旦你决定变动工作,你就必须给自己设定最后期限,表现得好像你的工作将会在六个月之后取消那样!突然间,你的整个思维模式都会幡然改变。你发誓在一切太晚之前掌控自己的职业命运。你不得不快速行动,因为还有一个不言而喻的事实:最好是在职状态求职。你会一心一意地寻求下一个工作机会。这包括,正如接下来你会看到的,努力工作审视自我,评估自己的优势和不足,是什么激励着你,你适合在哪里工作,以及你能够为下一任雇主贡献什么。

作为首席执行官,我必须告诉你,我总是发现一些求职者,他们展示出强大的意志力,驱动自己去获得工作机会——他们会避开断断续续搜索职位的惰性——他们会成为伟大的员工。坦率地说,我从不想雇用那些把事业仅仅视为工作的人。我一直在寻找这

> 简单盲目地发出简历,意味着你已经输了。

你做过什么并不重要。你是谁，你将为他们做什么才是最重要的。

样一些人，他们把事业和意义、目标——人生目标和终点等同起来。这些20%的人承担着80%的组织要完成的任务。他们并不是在做要求做的事，他们总是"全力以赴"，因为他们把工作等同于目标。

所以，甚至是在你对你的简历有想法之前，你就必须先自我反省。从了解你想要什么和为什么你要这些开始——什么在激励和驱动着你——以及了解什么类型的工作环境和组织文化能够让你得以成长。

获得线索

然而，大部分人并不了解他们真正想要什么，以及在哪里他们最适合。最重要的是，他们说谎了——一直在说谎，尤其是对他们自己。不用说，这样的组合不会让他们胜出。

如果没有掌控你的优势和成就，也不了解你的盲点，以及哪些方面你还需要完善，那么你在求职时就会缺乏清晰的思路。求职过程的核心就是寻找意义——你的激情和目标。激情和目标远比谚语"追随你的幸福"更能引发你的斗志。这是不可摧毁的组合——动机和激励会驱使你取得成功。

我之所以这么说，是因为如果你有一段时间没有身处求职市场的话，你会惊讶地发现，公司是多么严格地努力去挖掘真正有动力的求职者，同时也会对那些吹毛求疵的人嗤之以鼻。我一直都会听到关于现在公司要求人们去完成耗时几小时的面试和评估的评论，然后是所有"我是卧底"式的背景调查，推荐人电话访谈和社交媒体的搜寻。

但是这些求职者并没有意识到，在当今的商业环境中公司承受的压力有多大——以及优质招聘变得有多么的重要。表现不佳的公司会被那些能够运用科技手段快速扩大规模的竞争对手们压垮，或者被激进的投资者生吞活剥，这些投资者的侵略性和影响力甚至

伪装

你能骗过公司让他们认为你有激情而实际上你并没有吗？当然，你可以试试看，一些伟大的研究人员终其一生致力于完善评估测试系统，找出说谎者，并迫使他们坦诚地进行自我评估。作为该领域比较大的突破之一，2010年巴塞罗那大学的一项研究表明，让人们对陈述进行排名，而不是打分，更能揭示真相。在光辉国际，我们相信"强制选择"的测试理论。但是最根本的是，你会发现重新找回你自己的激情比试图戏弄这套系统会更加容易，也有更大的回报。

第一章

敲响警钟

在十年前都闻所未闻。在这样的一个世界，由于糟糕的招聘体系而错失优秀人才，或者招募了低素质员工这样的失误，是无法容忍的。

我们的研究表明，在入职6～12个月内替换一位经理的成本，是这个人年薪的2.3倍。对于高级管理人员，替换成本可能远远超过一百万美元。更为重要的是，公司都知道华尔街每个季度希望看到的利润很大程度上是我们称为"可自由支配的能量"产生的。基本上，只有最热忱的员工才能带来额外的工作和创新。你总是能够听到高管们这样说：如果他们能够坚持推开那些心思不定的人，组建梦之队，那么这家公司就会成为黄金公司。

所以，相信我，任何名副其实的组织都会有机会发现你是否具有激情——如果你就是这样的一个人的话。这无关乎你是否出身名门。然而，好消息是我们每个人都有激情，即便你的上一份工作已经将这份激情消磨殆尽。

我的激情是成为组织的一部分，而这个组织正在转变着这个行业。我们正在创造新的和与众不同的人—组织—咨询公司。通常，我在清晨起床（在我的闹钟关闭之前）的时候，会去思考接下来我们该做些什么来实现我们的目标。

> 你需要思索一下，**是什么事情能让你在凌晨四点没有闹钟的情况下醒来，并让你大脑感到兴奋。**

同样地，你需要思索一下，是什么事情能让你在凌晨四点没有闹钟的情况下醒来，并让你的大脑感到兴奋。不要认为只有千禧一代才是被目标激励的人群。我在与组织中各级别的人（包括我直接领导的人）的交流中发现，大多数人都希望他们的工作有意义。光辉国际最近做了一项针对职业经理人的调查，调查表明近四分之三（73%）的人表示"有目的和有意义的工作"是他们主要的驱动力。当目标成为你的动力时，在你所讲述的迄今为止的你的职业生涯和发展方向的故事中，它就会变得真实而具体。

明智的公司都会有目标，它们只会寻找有真正目标导向的员工，并不怕为此付出代价。（顺便说一句，我对那些声称自己有目标但似乎没有贯彻执行的公司持怀疑态度。）一家大规模工业公司的首席执行官在我们讨论人才时提出了这个观点。在校园招聘中，在公司的职业发展网页上，在任一级别职位的面试中，核心的信息就是目标。这家公司并不认为自己只是生产复杂的工业设备。它认为，通过解决地球上一些迫在眉睫的问题，从电力供应到全球气候变化，从理论上和真正意义上去改变世界。如果求职者对公司的总体目标没有真正的热情，那么这个人就不适合这种文化——不管这个人的技术水平有多高。

核心概念
关键是如何去执行ACT

真实可信的
真实地展现你自己、你的经历和你的背景

无论你是否正在与他人建立联系，或者正在与招聘人员交流，还是在与用人经理面试，关键都在于你是如何去"ACT"。

体验

让人们"体验"到你是什么样的人,你做了什么,以及你能够做出什么贡献

连接

与他人建立积极的情感连接

从求职到入职

当激情和目标偏离时

目标（purpose）和激情（passion），两个都是以"p"开头的词。现在，人们意识到在"扔掉简历"求职的时代，这两个词是多么的重要，这意味着需要对自己的激情状态做一次彻底的自我觉察。没有强烈的激情和目标，就几乎不可能脱颖而出。充其量，也只是表现平平。没有激情和目标的人会与高绩效者背道而驰，他们就是那些完成20%的工作的80%的人。他们不会花足够的时间去弄清楚自己到底真正满意的是什么。当他们设法得到一份新工作时，通常情况下，他们并不觉得新工作比之前的工作好多少。他们心里会说，这只是一份薪水而已。他们无聊且冷漠。

你有缺乏激情的职业症状吗（见第13页"十大无激情的职业症状"）？当然，还有其他症状。也许其中一个最严重的症状是糟糕的身体状况。这也是事实，人们忘我投入到工作中时会吃更多的垃圾食品，缺少睡眠，错过了下班之后去健身房的机会。但是他们通常不也是那些找到时间补上的人吗？也许，他们在破晓之前就会起床——不设催醒闹钟——走个5英里并且准备有机鸡肉沙拉作午餐。说白了，他们有意愿去很好地生活，激情也会跟随他们每一天。

无论有什么样的症状，一份没有激情的职业都可能会让你陷入辞职的诱惑当中。如果是这样，不要陷进去！对雇主来说，工作空窗期和职业中断是主要的危险信号。就待在你现在的位置上，不要一开始就急于跳槽。如果你跳槽了，那么你将在接下来的6个月内陷入同样的十大症状中。

你必须对你的雇主的首要目标有真正的激情。否则，你只会成为一名工作人员。

12

十大无激情的职业症状

1 你会时不时地打盹。无论你的睡眠如何，你都是一台哈欠连连的机器

- 你认为这种疲劳会让所有人认为你整晚都在工作，实际上你骗不了任何人。在家中，你的闹钟响起时，你就像对待宠物一样对待按钮：总是需要不断地轻轻拍打

2 你爱上了上下班之路

- 你需要乘坐2小时的火车，你对工作本身已经无动于衷了，这两小时是你一天中最美好的时光——有机会透过车窗看到秋天悄悄离去，或者最终读完了《白鲸》。如果你是开车上下班，你遇到的交通堵塞的"噩梦"会成为你迟到以及早点溜走的借口

3 你的同事有可能来自火星

- 你们在同一办公室工作已经有2年了，你从来没有费心去了解你隔壁办公室的人。走过去太远了

4 午餐时间除外

- 正常来说，你不会忘记时间。但是你的午餐时间呢？60分钟会被延长到90分钟——甚至食物根本不那么好吃！

5 你憎恶SKYPE

- 因为摄像头会暴露出在视频会议中展示幻灯片时，你在打瞌睡，你只好决定说你的密码登录失败，只能通过电话接入会议

6 然而电子邮件是你的好友

- 你过去通过电话回答你同事的问题，但是感觉到有难度。发电子邮件会让你把事情推迟。"抱歉回复晚了"成为你的口头禅。总的来说，你对于学习任何新技术都不怎么热衷，因为这意味着更多的参与。甚至请不要提及"Excel"这个词

7 什么竞争？

- 你没有花费你的预算中的一分钱来购买行业出版物，你能回忆起的最令人兴奋的事情就是，在一次行业会议中，你看到一个家伙把啤酒洒到自己身上

8 你的绩效评估只持续了7分钟

- 除非你的老板们给你打电话抱怨你上次的任务，否则他们会把你给甩了。在评估中，当你被要求提出你的目标时，你撒谎说你想"成长"，并帮助他人进步

9 为失败者升职

- 你有5年没有得到升职了，你对自己说，要相信在你们公司升职是不可能的。但是似乎寻找新的工作需要做很多的功课

10 你祈祷吧——我的意思是为陪审团祈祷

- 已经说得足够多了

老板问题

好老板,坏老板:两者都可学

好老板会模仿他们想从别人身上看到的行为。他们很少做老师;他们是终生学习者,对他人的成功充满信心。

坏老板会教你如何不去做,因此,反而应该去做什么。具有讽刺意味的是,人们更可能从坏老板那儿学习同情和正直,而不是从好老板那里学到。什么原因呢?他们曾直接体验到承受坏老板的行为的感觉有多么糟糕。

如果你是因为糟糕的老板而跳槽,那么就不要跳。让我们面对现实吧,50%的人都与他们的老板有矛盾。在我们的行业中有这样普遍的说法,人们不会离开公司,他们离开的是老板。经常听到这样的抱怨:这个老板从不给反馈,不认可他人的工作表现,晋升更依赖于个性而非绩效表现等。所有这些抱怨都可能是有依据的,但是我想给你们一些建议:实际上有一位坏老板会给你带来更有价值的学习体验。事实上,这是最好的学习途径,学习什么不能做和怎样不去这么做。让你感到安慰的是,你从不会与一位老板待太久。老板会换工作,或者你会换。

但是无论你对坏老板有什么样的感觉,苛刻的、无聊的或者其他负面的情绪,都会成为你寻找下一份新工作的催化剂,在这种催化剂的作用下,你几乎肯定会做出错误的举动。你换工作应该是向着某些东西去,而不是为了远离某些东西。

这让我回想起某位求职者,我必须很伤心地称他为"创业者扎克"。

第一章

敲 响 警 钟

创业者扎克的故事

　　一天，我的一位好友——珍，带着创业者扎克——接下来我们可以这么称呼他——来到我的办公室。当他走进来的时候，我真希望我们有一台时光机，因为他来得太迟了，晚了一年。最糟糕的是，他已经意识到了这点。

　　创业者扎克在一家大型的金融机构——一家高度结构化和等级分明的公司——度过了他大部分的职业生涯。他工作不错，近几年来他的事业有了进步，但是他一直听珍这位邻居提到她加入的一家很棒的创业公司。扎克越听她谈论启动和扩展商业规模，就越想尝试新事物。他坚信自己也有创业家精神，能够在一家"扁平化"的组织里脱颖而出。

　　要是他能够花时间深度地自我审视一下，辨别出是什么成就了他的过去；要是他能够与他的前老板或者导师聊聊如此巨大的职业改变，听听他们的反馈；要是他能做一下自我评估去理解自己的动机和领导风格，那该多好。相反，他已经开始远离一些有用的东西，而去专注于一些他一无所知的东西。

扎克坚定地认为做些改变的时刻到了，创业是唯一的出路。有一件事归功于此：他进行了彻底的形象改造，留长了头发，工作中的着装也是怎么休闲就怎么穿。他竭尽所能地研究着创业者的世界，研究着孵化器和加速器。他成了研究杰夫·贝佐斯（亚马逊创始人）方面的专家。

珍提醒过他：创业者的世界并不像他想象的那样富有魅力，它并不全是连帽衫和五分袖，而且与他之前习惯了的事物大不相同。但是扎克听不进去，他确信他之前的公司阻挡了他的发展。对扎克来说，不幸的是他并不真正了解自己，也不知道自己真实的激情和目标。他忘记了他当初是多么重视组织层级和工作界限，他忽略了他在清晰的角色和职责的关系中找到的舒适感。

最终，扎克通过网络在一家创业公司找到了一份工作，并且很快就发现自己错得有多离谱。在他上班的第一天，办公室几乎空了一半。他想可能当天是什么他不清楚的假期。当他问他的同事——一位年龄仅是他的一半，穿着牛仔裤和连帽衫的人——其他人在哪里时，他得到的回答是耸耸肩。他很快

要是扎克花点时间照照镜子，看看自己到底是什么样的人就好了。

了解到，不止员工，甚至连管理团队也都更喜欢虚拟化办公。

接下来就是午餐——按字面意思就是推进来，摆出自助餐厅的风格。所有人都在排队。"这种情况有多久了？"扎克问道。他还试着了解每天整个办公室的膳食费用。"全天免费，"他的一位新同事误解了扎克的意思，回答道，"你知道零食柜在哪儿吗？"

尽管办公室里毫无疑问有很多精英人才，但扎克还是觉得他是唯一的成年人。（实际上，他缺乏自我觉察，这导致了他去追求一份不适合他的工作，这显示出了他的不成熟。）

最困难的部分是完成工作。扎克每天都纠结在创业企业的模糊文化中，在这里工作和职责经常模糊不清。没有组织结构和清晰的沟通渠道，扎克变得很没有效率。几天之后，他从梦中惊醒，他让自己平静下来然后意识到，创业者世界根本就不适合他。在初创公司里，没有人像他一样，也没有人和他有共同语言。公司也意识到了这一点。

扎克的创业只持续了两个半月。尽管他被允许主动辞职，实际上他是被解雇的。那就是他来找我的时候。"我该怎样在我的简历中写这段经历？"他问道。我的心一沉。

扎克的确给自己挖了个坑，需要花很长

第一章
敲响警钟

找工作的错误理由

时间挖很多土才能填上。他得到了教训，尽管为时已晚，这个教训就是他忘记了自己的核心价值。他忽略了这样一个事实——他最适合大型的信誉卓著的公司。

我建议扎克做的第一件事就是找到自己的激情和目标——这是真正能够激发和鼓励他的。为达到这个目的，我们请他做了一次自我评估（就像本书第二章和第三章那样的练习和评估）。基于自我评估的结果，扎克更加清楚地明白了他要讲述的故事。结果显示扎克是在结构清晰及工作职责有明确界限的组织中成长起来的，模糊管理对他来说是有难度的。这就解释了为什么他会在创业型公司里感到挫败。

扎克最终意识到自己真正想要的是什么，他花了8个月重返之前的职业轨迹，这段经历给他带来了经济上的损失，也让他的婚姻关系变得紧张。他以重回金融服务行业结束了这段经历，比他之前的级别略低。这是他必须克服的另一负面影响，因为将来的雇主希望看到职业的发展，而不是职业的退步。

扎克已经从惨痛的经历中吸取了教训。在没有自我觉察和自我认知的情况下，他成为一个最好的例子，说明了为什么你应该"小心你的愿望"，正如谚语说的那样。他成了自己本不该许的愿望的牺牲品。这也许听起来简单，但扎克最初并不知道自己到底是什么样的人。

就像这个伤心的故事所说明的，人们可能因为难以置信的随机的原因去找工作。如果珍在STEM（科学、技术、工程和数学）行业工作，而创业者扎克不顾一切地进入这个领域，重新回学校读研究生，在四十岁的时候负债累累，那会发生什么？不幸的是，在某种程度上，我们中的很多人在我们的一生中做的很多决定都带有随意性，伴随着的还有同等概率的灾难。最佳的也是最不舒适的例子就是婚姻。

在美国，每100对夫妇中，随着时间的推移，只有40~50对会继续生活在一起。奇怪的是，这与新雇员和他们雇主的"离婚率"大致相同。研究表明，接近一半（46%）的新雇员和他们的雇主在前18个月内就结束了雇佣关系。近九成的案例引用的理由都是"态度"——一个泛泛的说法，适用于某些人不够合作或者总体上不能"融入"。换一种说法，就是文化不匹配。

我们的研究表明，仅有技术技能是无法帮助你成功的，你必须适应企业文化。当然，大部分就职的人都想要做得很好。但是他们做不到，因为他们很少去感受他们的工作环境和工作内容，或者与之建立连接。没有激情和目标，绩效表现就会变差。这就是为什么人们会失败——尤其是那些处于高级职位上的人。

关于婚姻失败和工作失败，都有一个推论：人们不知道他们到底想要什么，什么是最适合他们的。他们并不了解自我。通常，糟糕的职业变动起因于你的"工作时钟"已经嘀嗒作响刻不容缓了。你已经在一个地方待好几年了，突然间，你感觉到恐慌，认为必须要行动了。但你没有一个计划，在没有考虑周全的情况下，你找到第一份工作时就跳槽了。这就好比你决定和下一个走在街上的人结婚一样不明智。你很快就会奔向离婚律师，而此时你的结婚礼物还尚未来得及打开。

或者像扎克一样，你去追逐一个不合适的机会，却根本不去评估你和这个职位的匹配程度。也许，你会假装一段时间后你适应了这个错误的环境——就像一个方形洞里的圆钉一样快乐。但是用不了多久，糟糕的契合度就会在所有错误的地方带来摩擦。

不要这样对待自己。采取最适合你——你的激情和目标——的行动。这会提高你的绩效表现。在适合你的文化中工作，与喜欢且可以从他们那里学到东西的老板共事。

找工作的正确理由

许多人并没有从他们的职业角度来认真思考激情和目标。也许，他们发现大学毕业后找一份工作很难，因为没有人需要他们的技能。也许他们遭遇了2008年金融危机导致的"大衰退"期间的裁员，他们首先要得到一份工作而不是去担心什么激情。但是这不意味着你不能在这段时期去改变你的职业策略。

该敲响警钟，认真对待你的职业发展了。为了提高你成功的机会，挖掘你的深层动机，这将成为你绩效表现的动力，你需要深入地去思考激情和目标。这意味着在你迈向外部之前，即完善你的简历及将你的触角

> 文化匹配如同技术技能匹配一样，对你的成功同等重要。

第一章

敲 响 警 钟

你不要急于跳槽及在某个地方落脚，你必须要有策略……行动之前多思考。

伸向你的网络之前，你必须完成内在的艰苦工作。

你需要更深刻的自我觉察和自我认知，了解内心深处的共鸣。否则，你就会在不知道"X"到底是什么的情况下进入职业方程式。你会解错变量，这在大多数情况下会表现为轻微的职位名称上的不同或者多了一点薪水。你不会知道，在你的内心深处，你其实渴望带来更大的影响力。

当警钟响起时，你不要急于跳槽及在某个地方落脚，你必须要有策略。这不是掷骰子，这是棋局。行动之前多思考。你的下一份工作应当是持续进步的，是对你的简历有建树的，应当承担更多的职责和带领更大的团队。所有这一切取决于你首先要承担辛苦的工作。（准备好进入下一章，该章节涵盖了这些内容！）你需要去了解你是什么样的人，是什么驱动着你，你会带来什么价值。毕竟，我们在谈论的不仅仅是一份工作，我们在谈论你的未来。

第二章

了解你自己

照照镜子	26
发现自我真相的那一刻	28
特质：你的DNA	29
驱动因素：什么激励着你？	30
胜任力：成功的基本要素	31
经历	33
从自我认知到成功	34

从求职到入职

大部分人不喜欢被评估,这会让他们感觉容易受到伤害。他们会对自己的优势做出假设(通常会高估)和淡化自己的不足,至于那些盲点,他们宁愿不知道它们的存在。医生经常遇到这样的情况,病人们宁愿假装一切都很好,也不愿面对需要改善健康状况的真相。同样的道理,深度的评估信息可以识别出你的优势,指出你的不足,并帮助你发现自己在哪里可能会更成功,从而帮助你监控和改善你的职业健康。

不可明说的真相

✕

大多数人宁愿逃避,也不愿面对现实,即使这意味着错失了改善自己的机会。

第二章

了解你自己

当公司进入评估环节时，人们本能地感觉到受到了极大的侵扰。你可能会想，将来或者现在的雇主有什么权力让我参加测试，使他们得以窥探除了我的感情生活以外的所有的事。是的，你会被问到很多关于你自己的问题，但是公司正试图确定你的思维模式、技能和工作经验，毕竟这份工作是由股东的资金来支付的。正如我们曾讨论过的，现在，公司比以往任何时候都面临着巨大的压力，尽可能不懈努力地去招聘人才。

然而，即便是经验最丰富的高管们似乎也没有意识到这一点，他们错过了这一重点，这让他们的职业生涯陷入了危机。杰弗里也不例外。他在一家公司度过了他大部分的职业生涯，他的晋升主要依赖于资格。作为首席财务官，他将自己视为接班人，将在现任首席执行官退休后接任。确实，很多人也是这么看的。尽管距离CEO退休还有两年的时间，杰弗里想象着某一天，他坐在老板的办公室里，思考着如何更换墙上挂着的艺术画。

但是，让他吃惊的是，公司的董事会补充设立了一个持续18个月的继任者计划，以保证合适的人才被放在合适的位置上。继任者计划流程也包括了评估确认员工的潜在优势以及发现他们的盲点。按照识别出来的优势和不足，继任者计划中的员工能够得以更好地发展，为担任更高级别的领导岗位和承担更多的职责做好准备。此外，董事会还引入了光辉国际的评估工具，这套工具能够辨别出一流的高级管理人才；董事们还希望能够识别出CEO的最佳人选。

然而，杰弗里对此很抗拒。每次人力资源部门联系他为他安排评估时，他都以太忙、出差、季度末和董事会会议等惯常的借口推辞掉。显而易见，他并不认为评估很有价值。他的态度是：我现在是首席财务官，下一步我就会成为首席执行官。公司里的每个人都知道这一点。为什么我还需要为这么明摆着的事情被评估呢？

杰弗里没有意识到的是，董事会希望对他进行评估。一些董事会成员对他是否准备好、是否有能力担任最高职位表示担忧。杰弗里对评估拖延得越久，关于他为什么要抵制评估的怀疑就越多。最终，他不能再置之不理了。他进行了为期一天的评估测试。主导这场测试的光辉国际的顾问们感觉到了他的敌对情绪。他们的一言一行似乎都不能帮助杰弗里放松下来接受测试过程。

　　无须赘言，杰弗里做得不好。这次评估揭露出杰弗里某些严重的盲点，其中包括激励和管理他人的能力。当顾问将结果反馈给杰弗里时，建议把这一点作为他进一步发展和培养领导力的机会，然而杰弗里对此依然很抵制。他坚信一定是评估出现了问题，他那天完全不在状态，感觉不是最好，因为他认为自己比评估结果好很多。

　　董事会认为杰弗里的评估结果信息量很大。对许多董事来说，这个结果证实了他们的怀疑，就是杰弗里还没有准备好做CEO。他对评估的消极态度，以及不愿去解决他的盲点，都验证了董事们的顾虑。当CEO退休时，杰弗里并没有得到晋升。不久之后，他就离开了公司，收拾起他悄悄买来的《街角办公室设计手册》。

　　如果杰弗里接受评估并且根据反馈做出发展计划，那么最终结果会截然不同。人无完人，没有人可以做到"百分之一百"，每个人都有优势和不足。然而，杰弗里的固执和自负削弱了他发展为更有能力的领导者并被任命为CEO的机会。

　　正如我之前提到的，你会惊讶地发现，招聘与咨询行业在预测和发展顶尖高管在某些特定领域的技能方面，已经变得非常详尽。我们光辉国际研究院调查了数以千计的求职者的个人资料，识别出了最受欢迎的人才所具备的性格特征。

未来最受欢迎的人才特质

高度熟练地鼓励他人参与和激励他人

模糊管理（这种模式在当今快速和多变的商业环境中很常见），并具有全球视野

具备战略眼光，使执行力——意味着计划和优先级——和组织的下一步目标保持一致

坦然承担风险，具备高度的适应能力

善于影响他人，乐于接受挑战

第二章

了解你自己

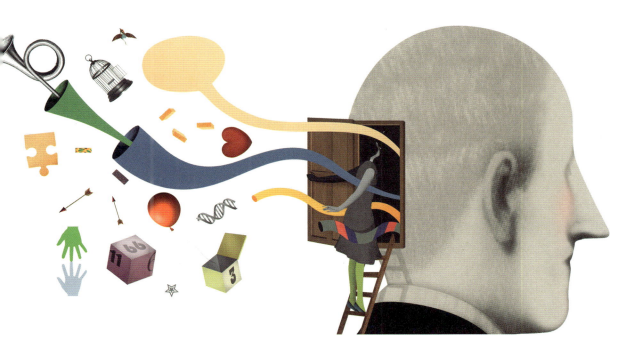

行业与行业之间,例如先进技术行业和消费品行业,以及不同的职位之间,最受欢迎的特质不尽相同。我最喜欢引用金融服务行业的例子。对高级别的中层经理来说,排名最高的特质是"勇气",这很容易理解,因为我们想要这个位置上的人们具有胆识去发现能给我们带来收益的投资项目。但是对于这个领域的C-系列的高管们(CEO,CFO,COO等)来说,勇气并不比"说服并处理不可预测的市场所带来的所有不确定性"更重要。

很明显,了解你要去求职的领域哪些特征(我们把这些分为胜任力、特质和驱动因素)对你很重要,可以给你带来很大的优势。

但是,只有在你持开放的心态来接受他们提供的评估和认知的情况下,你才能够客观地审视自己——你的优势和不足、喜好和动机。通过自我认知才能进行自我完善。

面对现实吧,无论是在你现在的工作上还是在你下一份工作上,总有一天你会被评估。即使是中层管理人员,也会发现雇主想要尽可能多地了解你:你的优势和不足,你的领导风格,你适应企业文化到什么程度,等等。可能不一定在你正式求职面试时接受评估,但公司会要求你找出或者探讨你的优势和不足。你无法伪造这些答案,你需要了解你自己。要做到这点,你需要照照镜子,认真地审视自己。

从求职到入职

照照镜子

大部分人想跳过这步,他们想直接进行职位搜索。他们聚焦的中心百分之一百是朝向外部的,就是找工作机会。他们很少花时间关注内心,事实是你必须有足够的自我觉察才能获得对自己的看法。你需要识别出和讲出你的技能和经验,是什么激励着你,所有这些对你的下一个雇主又意味着什么。

幸运的是,有一些工具可以提供帮助。光辉国际拥有数十年的调查和数据,主要是关于高管以及他们成功的原因。借助于这些丰厚的知识产权财富,我们比高管们更了解他们自己。我们的知识产权,是基于上千万的职业人士和顶级高管们的评估数据,汇总成光辉国际领导力和人才的四维度模型,简称KF4D。我们就是运用这套工具评估高管的优势和不足,确定在什么样的环境中他们更易于成功。

在本书中(和我们的公司网站www.KFAdvance.com/losetheresume上),我们已经将这项知识产权调整为迷你评估和练习,这些评估和练习将为您提供求职所需的独特见解。尽管这些不像我们用于高级人才的长时间的评估那么全面,但你仍然可以对自己有深入的了解,帮助你发现并阐明你所带来的价值,以及最合适你的下一份工作在哪里。

你是谁
特质
　　你的性格中的核心的,"与生俱来"的部分。某些特质可以得到发展,但是大部分是天生的。它们定义了你是什么样的人。
驱动因素
　　是什么激励着你;你的激情和目标。

你做什么
胜任力
　　你所拥有的走向成功的最基本的技能和能力。
经验
　　你讲述的基于你过去的成就的故事。

第二章

了解你自己

从求职到入职

发现自我真相的那一刻

让我们诚实点:你们中相当一部分的人可能看了上一页的图表,然后决定跳过或者粗略读读接下来的几页——我们的测试部分在附录部分——因为你们确信你们不需要知道任何关于你们的特质、驱动因素、胜任力和经验的东西。你们想得到"干货"——如何找到工作。这大错特错!

如果在你寻找职业生涯过程中一直错过某些东西,即有东西阻碍了你在职业道路上的进步,使你错失了越来越多的有意义的职位,那就是它。这是针对在全球领导性的组织中担任CEO和其他C-系列高管的评估。这套评估体系给了你一直伴随着他们这些人的东西。俗话说得好(或者是我在一堂瑜伽课中听到的):展现你的优势,与你的弱点交朋友。

SOCRATES

了解你自己

我是一位伟大的思想家。不,我是在装聪明。人们在工作中喜欢听到我的声音。不,当我走近时,他们会借口喝咖啡而离开。如果你和大多数人一样,那么你对自己和你的工作的看法是站不住脚的,或者保持不变——这是完全错误的!你如何看待你自己,通常和你的同事如何看待你没有什么关系。研究表明,当给一个人打分时,老板、平级的同事、直接下属和客户们会更赞同彼此的评估,而非这个人自己给自己的评估。所以,如果你想更多地了解自己,你需要从其他渠道得到反馈。

第二章

了解你自己

特质：你的DNA

你是乐观主义者吗？你有好奇心吗？你和别人相处得好吗？这些是关于特质的一些例子，这些特质对你的行为有深远的影响。

把你的特质视为你天生的倾向和能力，它们包括了你的个性特质和智力水平。性格特质引导着你的行为，但是有时人们很难观察到它们，这就是为什么评估这么重要。尽管性格特质属于"你是谁"的一部分，但是当你接受新的挑战时，它们可以慢慢改变。举例来说，通过训练，甚至一些教练指导，一个内向的人可以变得更加外向，并且可以放松自如地与他人交流。

性格特质不仅会影响你在现有工作中的表现，还会决定你的未来。

以下是一些常见的性格特质，以及在商务环境中是如何定义的。当你准备好了时（不要拖延），你可以快速翻转到我们的附录部分做测试，然后给自己的性格特质打分。

适应能力 能适应意想不到的方向或方法上的变化。适应性强的人愿意并且能够灵敏地改变，容易适应形势的变化，调整且约束，管理或者从逆境中恢复。

自信 能够负责和指导他人。自信的人往往被视为有进取心和果断。

好奇心 能够以新颖的方式解决问题，在复杂的信息中看到规律，追求深刻的理解。那些有好奇心的人喜欢用创造性的解决方案来解决复杂的问题，并以深思熟虑和理智的方式解决问题。

专注 对组织、程序和精确性有偏好。高度专注的人要求结构化，被视为系统化和有细节导向，并在掌控之中。

成就感需求 由工作或者活动激励着，使得你的技能和能力可以依据外部标准进行测试。具备高度成就感需求的人喜欢努力工作，根据他们的目标来判断自己的成就，竭力去达到或者超过标准。

坚持不懈 在追求长期的甚至终身的个人价值的目标中保持着激情和坚定，尽管有挫折、沮丧或者心烦意乱。高度坚持不懈的人会冲破障碍，面对困难时不会放弃。

风险承受能力 有意愿去承担风险，立场坚定。那些乐于冒险的人更喜欢成功而不是安全，并且在做决定时表现出愿意承担重大风险的意愿。

模糊容忍度 乐于面对不确定的、模糊或者矛盾的信息。能够处理模糊状态的人对这些状况充满活力，对其他解决方案持开放式的态度，并且尽管对未来没有一个清晰的认识，但他们仍能卓有成效地工作。

从求职到入职

驱动因素：
什么激励着你？

是什么在驱动着你？是什么偏好、价值观和动机影响着你的职业选择？你的驱动因素是由你是什么样的人以及特定时间点的环境和背景决定的。

你的驱动因素或者激励因素是一个关键问题的核心：**什么对你来说是最重要的？你有什么收获？**最重要的是，你的驱动因素融入了文化的契合度、参与度和绩效表现。

驱动因素可以非常具体也可以非常广泛，也可以随着不同的环境和不同的人生阶段而变动。在每个阶段，它们都对你至关重要，包括什么样的公司文化和环境最适合你，为什么样的老板工作对你最有帮助，以及你对工作的投入程度。

当你了解到是什么驱动着你，你就很容易找到一个与你的目标一致的组织机构。同理，当组织机构理解了什么驱动着人们，它们就会发现很容易去与这些人联系上，理解是什么激发出他们的能量。如果个人的驱动因素和组织的文化出现了不和谐的情况，那么这对牵涉其中的各方来说是一个坏消息。

以下是一些驱动因素，以及它们是如何影响工作动机和绩效的。（同样，请一定完成附录中的测试。）

第二章

了解你自己

胜任力：成功的基本要素

平衡 在工作和个人生活之间取得平衡的动机。在这个领域得高分的人更喜欢工作灵活性和广泛定义的自我发展，他们避免高压力和定义生活的工作角色。

挑战 在艰难险阻面前实现目标的动力。有这样动机的人更喜欢具有挑战性和竞争性的工作任务和环境，这种工作任务和环境通常会妨碍他们以熟悉的方式舒适地工作。

协作 更喜欢相互依赖地工作，在团队中做决定和追求目标。那些高度合作的人更喜欢成为团队的一部分，建立共识，分担责任，并利用社交行为来取得工作上的成功。

独立 偏好独立和创业的工作方式。那些渴望独立的人更喜欢不受组织约束的自由，并希望建立和追求自己的愿景。他们看重就业能力而非工作保障。

权力 渴望获得与工作相关的地位和影响力，并对组织产生影响。那些寻求权力的人希望在一个组织中有更高层次的可见性和责任感，他们希望获得高度的影响力。

结构 对工作稳定性、可预测性和结构化有偏好。有这种偏好的人看重的是工作保障、熟悉的问题和解决方案，以及通常需要深度和专业知识或技能的工作。

什么使你成功？对于这个问题，大部分人都无法直截了当地回答。他们顾左右而言他，描述着他们都做了些什么。但是他们不知道他们的胜任力是什么，因为他们根本不理解这个概念。

职能和技术技能也是你的胜任力的一部分。例如，如果你从事金融行业，那么拥有敏锐的金融嗅觉是你能力的重要组成部分。

你的胜任力可以包括一些与生俱来的天赋，但是很多胜任力是经过长期有意识的培养，并且作为一项特定工作任务的一部分而建立起来的。一些胜任力比其他的更难发展，但是通过正确的激励和支持（教练辅导，延展性任务，反馈），几乎每个人都可以在胜任力上取得可衡量的进步。

从求职到入职

你的胜任力是指你 如何推动结果，它是 成功的基本要素。 胜任力是可以观察 到的技能和行为， 就像随机应变、勇 气或者决策能力。

以下是一些胜任力，我们按照类别罗列如下，这些类别是按照它们帮助你达到目标和实现成功的途径来划分的。（不要忘记做附录的测试。）

思维模式

平衡利益相关者 预见并且平衡多方利益相关者的需求。

培养创新 为组织的成功创造新的更好的方法。

全球视野 用全局的眼光来看待问题；使用全球镜头。

战略愿景 展望未来的可能性并将其转化为突破性战略。

结果

执行一致性 计划和确定工作的优先次序以达到目标，并且与组织目标保持一致。

确保责任 确保自己和他人为承诺的成果负责。

人

发展人才 发展员工以实现他们的个人职业目标和组织的目标。

吸引和激励 创造一种氛围，使人们受到激励，尽最大努力帮助组织实现目标。

冲突管理 有效处理冲突，减少不和谐的因素。

人际关系导航 在组织内外部有效地搭建正式的非正式的人际关系网络。

说服 使用令人信服的论据来获得他人的支持和承诺。

自我

勇气 挺身而出，解决棘手的问题；说出需要说的话。

模糊管理 即使事情不确定或者前方的道路不明确，也能有效地运作。

灵活学习 当解决新问题时，通过实践的方式积极学习；把成功和失败都作为学习的素材。

情景适应性 实时调整方法和行为，以适应不同情况下的变化需求。

第二章

了解你自己

经历

经历不足为奇，就是你曾经做过的事情。你的经历是由构成你职业历史的角色和任务决定的——就是一条一条罗列在你简历上的部分。然而，大多数人不能完全领会经历的意义。

经历远不止是职务头衔。无论一个人的职位是一线经理还是高级副总裁，都没有他或者她曾经取得的成就有意义。经历并非简单的是你过去做的事情的清单，它们为你过去的成就提供了敏锐的洞察力，以及这些成就如何应用到下一个雇主那里。

你的经历是你的发展历程的总结，目的是让人们去了解你。这些并不是一个详尽的列表——这是一位名为伯特的客户的想法。我得承认伯特在军队和商界有杰出的领导经验。但当我请他介绍自己时，结果就变成了漫长的单方面的谈话。他非常详细地讨论他的经历——一个针对他做过的事情的长篇大论。在36分钟内（我偷偷地计时着），伯特一直在谈及"我"。这样讨论经历毫无意义，这反而是个阻碍。

经历积累就像健身房里的力量训练：重量和重复都很重要。重量级的工作是那些能见性高，有失败风险，责任很多的工作。经历过的事情越困难，责任越多，就越能快速地提高你的领导能力。但是经历的深度对领导者和培养梯队中领导者很重要。

你的经历应该讲述这样一个故事，这个故事与你和你从一个职位到下一个职位的职业发展有关。

从求职到入职

从自我认知到成功

当你致力于更多地了解自己时,你就会理解你的优势所在,当你与你未来可能的雇主谈论这些优势时会更加清晰和具有意义,就像你会发现自己的不足,并能解决自己的盲点一样。正视事实并了解自己是通向成功的秘诀。

毫无疑问,大多数的自我探索都不是很有趣,而且绝对需要一个正确的态度。每当我想到那些愿意尝试的人时,我就会想到那些令人叹为观止的成功故事。

举例来说,几年前,帕米拉是一家零售连锁公司的首席营销官,也是未来5年内有机会接替CEO职位的公司内部6位候选人之一。没有人能够唾手可得自己喜欢的东西。虽然帕米拉拥有明显的优势,尤其在战略和激励他人方面,但她仍然还是有一些盲点的,而且她也知道这一点。所以当公司要求主要继任者候选人必须参加根据CEO职位要求而设定的评估时,帕米拉欣然接受。

这样的反馈确实很有力。基于高度的自我认知,帕米拉知道她在某方面会有不足,例如财务敏锐度。尽管这个评估也展现出其他的盲点,显示出她需要在全球视野、鼓励和激励他人、容忍模糊等方面大力提高自己。

帕米拉全盘接受了这些建议,并且知道如果她希望职业再进一步,她需要缩小这些差距。没有评估,她不可能做好准备。

在帕米拉收到结果反馈的第二天,她给光辉国际的评估团队写了电子邮件。"今天我回到了办公室,我已经在为我亟待发展的领域展开行动了。"她写道。当然,这听起来有点盲目乐观,但是她立即采取了行动。她召集了她的直接下属,分享了她的自我认知。一星期不到,她就做出了一份计划,从CEO那里得到三份延展性任务,并且她尝试每两个月得到一次反馈。为了固化这项承诺,她聘请了一位教练和她一起工作。现在,帕米拉已经是一家财富一千强公司的首席执行官了。

但不要误解这个故事的寓意。它讲述的不是得到最佳评估,这个故事的重点是你如何对待评估信息。如同很多CEO告诉你的那样,最好接受一位一开始评估结果不是很好但能够接受反馈并且之后做得更好的人,而不是一开始评估结果很好而之后没有进步的人。

强烈的意愿会去提高胜算。如果你将强烈的意愿与激情和目标相结合,你将会拥有一个令人惊叹的职业旅程——无论它将带你去何方。

NOTES

第三章

成为全面学习者

学习者的表现	43
S曲线：技能、规模和范围	44
你的职业发展规划	47
你的职业建设者任务	48
四大职业致命一击	51
从学习者到领导者：你的职业抱负	52
卓越领导者的特质表现	54
最佳状态：大脑平衡	58
衡量你的学习敏捷性	61
如何学以致用？	62

商业领域正在发生着巨大的变化，人们无从想象未来是什么样子。大数据、人工智能、机器学习，许多新兴技术可能仅仅是人们如何以及在何处开展工作的一场革命的开始。面对这样无法预测的、快速的变化，你不可能什么都知道。你只能进行全面学习。学习是带领你从已知的今天走到未知的不同的明天的唯一途径。

很多人谈到要成为"终生学习者"，但是很少有人真正付诸行动。我们不断对自己或者在求职面试时撒着小谎：不，与薪资和职位头衔无关，我更想获得的是学习经验。当然，事实是相反的。几乎可以确定的是，在你询问上一次员工培训的情况之前，你会问及公司的假期及到岗日政策。很少有人会思考，在这个新的职位上，我想学些什么？然而，当你追求你的职业发展时，学习却是至关重要的。

第三章

成为全面学习者

课外学习

研究表明，发展主要是通过机会来实现的，比如延展性任务。

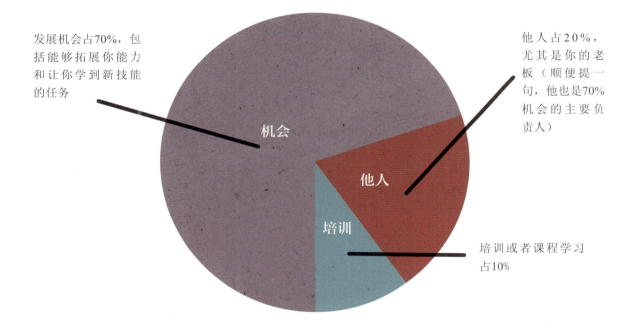

发展机会占70%，包括能够拓展你能力和让你学到新技能的任务

他人占20%，尤其是你的老板（顺便提一句，他也是70%机会的主要负责人）

培训或者课程学习占10%

在你接受这个有关学习价值的想法之前，你可能需要一点有说服力的东西，但比较残酷的事实是：现在每个职位上平均的任职期限是4年，对35岁以下的人来说，是2~3年（对更年轻的员工来说更少）。这意味着会有很多的职业上的变动。既然有这么多的变动，你最好让每次变动都有意义。回到过去，当人们一直待在一家大公司时，有很多方法可以让他们在一个地方获得提升，赚更多的钱。但是随着现在各式各样的跳槽层出不穷，光辉国际的研究表明，学习是决定一个人一生收获的首要因素。在每一份工作中，只有专注于学习机会，才会使工作有意义，从而能够为你的下一次甚至下下一次的工作变动做好准备。

在我职业生涯的早期，有人告诉我要"以

从求职到入职

某些东西而出名"——这对一个人来说是不可或缺的。虽然我并没有听进去我的导师给出的每一条建议,但是这条建议却深深地印到我的脑海中。它改变了我对待学习的态度和我的职业发展轨迹。在每份工作中,我都尝试着去学习能够学到的一切,并且挑战自己去了解其他人不知道(或只有少数人知道)的东西。我的目标不是成为一个无所不知的人,而是一个无所不学的人。我相信我的积极投入给我带来了巨大的飞跃。

让我们现实一点:眼前的需求是重要的,包括赚更多的钱。我们都经历过这点。当我做演讲时,我通常会请观众举手表决,有多少人认为自己的薪水过高,又有多少人认为薪水过低。结果几乎总是这样的,当我问到有多少人认为自己的薪水过低时,每个人都会举手。当问到谁认为自己的薪水过高时,几乎没有人举手。这是可以理解的,人们想要赚更多的钱,把薪水看得太重要了。但是,你不能仅仅因为更高的薪水就接受一份工作,而不去考虑这份工作对你的职业发展轨迹有什么影响。你必须思考从这份工作中你能学到什么,以便将来更好地定位自己。

风险也同样被薪水的"光芒"给遮住了,而忽略了真正的机会。布莱恩是一位深受同事喜欢、家长和学生尊敬的教师,但是他受够了他的薪水。当他看到那么多的人赚到了那么多的钱时,他想为什么他不能呢。布莱恩看中了按揭贷款这样一个机会。当时是在2000年左右,在2008—2009年金融危机到来之前的几年,房产市场方兴未艾。

通过多方联系,布莱恩找到了我。我们通了几次电子邮件后,约了一起喝咖啡。"我简直不敢相信,所有这些人都在这样赚钱",他告诉我。"整天写这些贷款能有多难?任何人都可以做到。"

我意识到他犯了一个大错,因此提醒他不要采取行动。显而易见,当谈到其他人如何赚钱时,他失去了洞察力,就像许多人一样。他们认为赚钱很容易,而事实上却很难。按揭贷款业务,尤其在那个时候,都要与一些潜在客户有人脉关系。布莱恩想当然地认为他可以轻易地凭着关系将其他老师和家长变成他的客户群。此外,他还指望一家按揭公司为他提供支持和培训,以帮助发展他的客户群。

不可明说的真相

你必须牢牢记住两个问题:我在学习吗?我在向谁学习?学习,了解和成长!

第三章

成为全面学习者

光辉国际的研究表明,学习是决定一个人一生收获的首要因素。

　　为了所谓赚"大钱"的机会,就是办理贷款可能赚取的佣金,布莱恩放弃了他的全职教师工作,也随之放弃了相应的福利和保险。然而事实狠狠地打击了他:按揭公司无法给他提供任何帮助。它的招聘政策——不幸的是,这种政策太常见了——是把不同背景的人招进来,看看谁能够"坚持"下来。如此运营的公司有很高的员工流失率,但是他们带来的为数不多的高绩效员工的确弥补了一路走过来的人员流失。

　　在最初的几个月内,布莱恩知道自己已经犯了严重的错误。他的财务损失相当大,婚姻上的压力导致了他和太太离婚。现在,布莱恩是一位兼职教师,希望能够得到一份全职的工作。

　　当然,布莱恩的故事相对简略。但这也是一个教训:在找工作时不能短视。你需要在整体的职业生涯背景下去思考去行动,今天你做的决定会影响明天你的结局。没有什么比你学到的东西和你得到的技能对你未来的影响更大。

学习还是离开
检查清单

我的工作有意义吗?

我正在做的事情会激励我吗?
我目前为之工作的组织是否有我能够支持并与我一致的使命/愿景/目标?

我在为谁工作?

我在为一位支持我成功的老板工作吗?这位老板能够用有挑战性的任务培养帮助我成长和发展吗?

我在学习吗?

我获得了什么新技能?
尽管无法预测未来需要什么样的技能,但是有一点是肯定的,就是如果你不学习,你就不会成长;如果你无法成长,你就永远不会进步。

第三章

成为全面学习者

学习者的表现

要想精通任何事情,都需要一些知识和专业技能。但更重要的是,你必须还要拥有调整、适应和反应的能力。好奇心强和喜欢冒险的人往往是最好的学习者。但是学习并不是一帆风顺的。除非你有挑战性的工作任务,在当中你必须执行并且面对真正的失败风险,否则你就不会得到有意义的发展。这就是经验学习的精髓,这样你才能变得更好,才会获得成功。这种学习态度使一些不寻常的技能成为人们关注的焦点。

除非你面对真正的失败风险,否则你就不会得到有意义的发展。

学习者愿意让自己看起来很傻

这是在新环境中学习和表现出色的唯一方法。承认你不知道该做什么,然后全力以赴去尝试。你不仅要攫取信息以拓展你的知识和技能,还要学会如何做出贡献。你明白你不是专家,但是你想要培养某项特长,并以此而为人所知。要做到这一点,唯一的办法就是尽可能多地接触学习环境,并且在学习曲线中保持开放的心态,让自己看起来"傻傻的"或"毫无头绪"。

学习者是世界一流的观察者——观察自己、他人和情境

你知道我们每个人肩上都有一个"智慧的声音"总是给我们建议吗?对于学习者来说,这个声音是客观而冷静的:这里发生了什么?人们会如何反应?为什么?什么在发挥作用?什么不在起作用?有什么重复了的东西是我可以去掉的吗?学习者试着去理解

这些,一个很好的作用就是不断地自我反省,并且对过程保持质疑。

学习者知道更多即为更好

学习者有更多的方法来处理不同的状况,因为他们拥有更多的有意识的学习策略。他们会尝试各种东西,他们会坚持写日记,写下一个计划,或者做一些想象练习。一项研究表明,高效的管理者处理棘手员工的方法是普通管理者的5倍。这就是在行动中学习。

学习者会进行比较

学习者会搜索过去类似的信息,无论是通过询问公司中的其他人还是阅读人物传记。他们明白只要是告示板上的议题,就没有什么新事物,一切都是历史的重演。

学习者通过经验法则来理解事物

许多学习者都会保有一份事情清单——心里想的或者书面的——这份清单在大多时候是真实的。这些是他们用来观察情况的指导原则和趋势。

学习者可能会有一份成功和失败的计划书和衡量标准

学习者明白他们想要去做什么,并且为什么去做,即使他们的计划没有写下来。他们会评估过去做的事情,决定哪些是起作用的,去理解为什么起作用。然后一遍又一遍地尝试。尝试得越多,就会有越多的机会去学习如何把它做好。

S曲线:技能、规模和范围

大部分的职业旅程是按照阶段来发展的,每一阶段都是建立在上一阶段的基础上。我们可以把它想象为S曲线,就像一条盘山公路。在职业途径上,这些S代表着技能、规模和范围。

首先,你必须通过一系列有意义和逻辑性的职业进程来提升你的技能。当人们面临全新挑战时,大部分对绩效表现有重大意义的工作技能(如战略和规划)都是在工作中学到的。

最有可能带来成长机会的工作包括:从零开始或者几乎从无到有地建立一些东西;修复被破坏了的事物;从直线角色(指涉及公司的核心业务)切换到人员分配(指涉及支持或者特殊的职能部门)角色;规模和范围上的巨大变化,或者是承担各种各样的项目。

最没有可能带来成长机会的是直接升职,它通常意味着在同类型的工作上一遍又一遍地重复,而且工作转换旨在获得更多的

第三章

成为全面学习者

学习会在哪里发生

学习和发展会发生在"第一时间"和身处"困境"中。在舒适的环境中,你只会应用你已经具备的技能,这是不会带来成长的。事实上,它们经常会带来停滞。没有什么比一个好的危机更能够加速你的学习。

见识而不是承担艰难的挑战。

此外,你还需要展示在规模和范围上的进步。更大规模意味着工作在"大小"上增加了——更大的预算,更大的业务量,管理更多的人员,监管组织更多的层级等。更大范围的工作大致上包括更广的宽度,例如新的或者额外的业务领域,增大了的曝光度,和更大的复杂性。另外,职业进步还应该涉及下属人员数量上有一定程度的增加,或者人员管理复杂性的增加。

这些在技能、规模和范围的提升组成了"阶梯"式职业发展,这会成为你向招聘官和用人部门经理"讲述故事"的一部分。你的职业轨迹(或者其中缺少部分)讲述了大量关于你的信息——你的能力和潜力、你的激情和承诺。这就是为什么一个横向的职业变动会贬低你的故事。也可能你有很好的理由做这样的变动。举例来说,你在市场营销部门,希望能够有在运营方面的见识和经验。但是两个横向的职位变动可能会亮起红灯,为什么你不能够更进一步去到有着更多职责的一个职位。这就是为什么当你计划转到下一个职位时,你必须要有前瞻性和先见之明,并考虑如何沿着职业轨迹继续发展。

职业发展的六大阶段
你在哪里学习,你如何成长

1
跟随者

在第一阶段,你是跟随者。通常,这与大学毕业后的第一份职业有关。作为一个跟随者,当你执行他人告诉你的工作时,你需要行动导向并且以任务为重点。如果你不知道如何跟随他人,那么你将永远不会领导他人

2
合作者

很快,你将开始与他人合作。你依然会运用你的技术技能,但是你开始通过与团队中的同事合作去发展你的人际交往技能

3
指导者

作为第一次担任团队领导或者经理的人,当你指导你的团队时,即便团队可能只有一个人,你也是在挖掘你的人员管理技能。这里的关键是你是否有效地指导人们应该做什么,而不是自己去做。能够帮助你在这个层级上进步的工作包括:

员工领导力

在这个层级上,你拥有职责但是没有授权。典型的例子包括计划项目,安装新系统,发现并解决问题,与外部相关方谈判,在员工小组中工作。

员工轮岗

凭着容易确定的底线或者结果变动一份工作,管理更大的范围或者规模,展示新技能/观点,承担你任务中所不熟悉的那方面的工作

4
管理者

当你管理更大团队,有更大的目的和目标时,你的技能就会建立起来。你需要激励直接下属,学会如何通过设定宗旨和目标,以及追求和实现目标的手段来管理他们。举例来说,你可能处在"变革经理"角色上——你在付出巨大的努力去变革什么;或者在执行意义重大的事情,例如整体工作体系,业务重组,主要的新系统和流程,并购整合,对主要竞争对手的计划做出反应,重组

5
影响者

现在事情变得有趣了!这个阶段是从直接管理一个团队过渡到影响他人。影响力是一项关键的领导力技能,你需要发展它来与整个组织的人合作,尤其是那些不向你汇报工作的人。事实上,你是可以影响到其他部门与你同一层级的人,甚至比你高一级的人

6
领导者

在这个层次上,你要花很多时间去授权和激励他人。作为领导者,你不会告诉人们该做什么,相反,你要告诉他们该思考什么。你的首要任务是激励他人,从而他们能够做得更多,让他们变得比他们认为的更可能

第三章

成为全面学习者

你的职业发展规划

随着这些深刻的理解，你可以着手你的职业发展规划了，并作为你求职过程中的一部分。如同任何长期战略一样，你需要超出当下的需求来思考一个更长的时间表，尤其是你变动工作时需要的技能发展。这会帮助你识别哪些工作和任务能够更好地提升你的学习，拓展你的技能，并引导你找到下一份工作。

做出明智的选择

想清楚在你的下一份工作或者职业成功中，对你的表现至关重要的是什么。确保你自己关注于对你和其他人来说都很重要的事情上。（意味着这对其他人来说也是不可或缺的。）当你创建你的行动计划时，设立一个时间安排。当你看到自己进步的时候，你会更有动力，更专注于你的发展。

获得详情

不断寻找详细的反馈。为了发现你的盲点，以及找出你更多需要发展的地方，从你的导师和其他了解你的人那里寻求帮助。不要对此有防备心或者尝试合理化。告诉他们你关心具体的需求，并且要求更多的信息或者反馈，从而你能够专注于你的成长和发展，并作为你职业晋升的一部分。明确你的要求，例如，如果你刚刚结束了一次演讲，询问一位伙伴或者其他同事，"我一直在练习我的演讲技巧。我在鼓励他人参与方面做得如何？"

创建规划

一旦你得到了他人给予的信息（从测试或者其他渠道来的）和反馈，你就可以创建职业规划了。有三种行动计划：停止做什么，开始去做什么，持续做什么。从他人那里获得持续的、详细的反馈，将帮助你了解在当前和未来的职位中拓展新能力时，需要停止、开始和继续做什么。

向他人学习

寻找榜样,无论是工作中的还是工作以外的。这些人做了什么(以及没有做什么)得以让他们成功?养成榜样所展现出来的良好的习惯和行为。

尝试一些延展性任务

70%的技能在工作当中才得以发展。你现在或者将来的职位为你的发展提供了巨大的机会。与你的经理、导师或者其他人进行头脑风暴,讨论为了建立特定的技能和经验,你可以进行的任务和活动。研究你可以取得进步的领域。从小的管理性任务开始,你可以逐步培养你的胜任力和信心。

阅读,学习,实践

有众多关于发展的信息和灵感来源,包括指导书籍、人物传记/自传、培训课程和发展练习。将你学到的东西融入实践中,针对你的进步获得反馈。

跟踪进度

跟踪你的进步会让你充满动力,并且让你觉得自己很成功。这些变化可能很小,但随着时间的推移,你会逐渐取得提升,别人也会注意到这一点。

作为一项持续的锻炼,你的职业发展计划有助于为你的自我觉察和持续的进步打下基础。你专注的焦点在于学习和成长,这应该深深植根于你的每件事中,包括寻找下一份工作。

你的职业建设者任务

理想情况下,你的职业遵循这样一个轨迹,它包括了更大的任务、更多的职责和充足的机会去拓展你自己。在此过程中,你需要有针对性的"职业建设者"任务,以获得新的技能和更广泛的经验,这些对你以后的职业生涯至关重要。寻求能够提供特定经验的工作,允许你提高和展现能力,特别是在四个关键领域:拥有全球化思维、应对模糊状态、处理变革和掌握更快的节奏。事实上,这些发展领域是那么的重要,以至于任何这些领域的胜任力的不足或缺失都会阻碍你的职业发展。

成就不是靠魔法或者运气获得的。同样,你的职业发展也不会来自于一些幸运的偶然事件。它是一个深思熟虑的过程。如果你将你的目光放在一个职业轨迹上,包括某一天你会领导他人——也许是高级执行官——你必须拥有"八项要务",它们会归于以下三个主要领域。

第三章

成为全面学习者

你做什么	1 迎接新体验，激发学习和发展。 2 采用有意识的实践和反思来构建技能，并且引起自发地进行变革。 3 向他人学习，无论是通过社区学习还是在现实世界中应用这些技能时。
你是谁	4 领导者要培养成长性思维，他们必须要关注、保持好奇心和持有开放的心态。 5 利用情绪来点燃动力和激发努力。 6 充分利用压力，走出舒适区，进入学习区。
暂停一下	7 练习正念，以获得自我内心的平静，暂停自动反应，创造空间来选择一个不同的方法。 8 制定行为上的承诺，持续地进行改变。

职业建设者的八项要务

迎接新体验突出了学习和发展机会的重要性。无论这些体验会发生在生活中、工作中还是在正式的项目中，它们都提供了丰富、探索和参与的机会。不断地对新奇的体验做出反应也能增强你的敏锐度。

采用有意识的实践和反思会帮助你获得复杂的技能。有意识的实践涉及设立具体的目标，基于反馈，进行细小的行为上的改变，并监测你的成果。

向他人学习反映了本章开始时提到的70-20-10分类，以及通过人际关系学习的重要性。有一位导师和/或一位支持你成就你的老板，会帮助你获得更多的知识。

培养成长性思维提醒你，只有当你放弃了过去所追求的/认为有意义的东西，并以新的方式重新定义自己时，才会发生变化。成长性思维会帮助你克服对改变的抗拒和对熟悉事物的"无意识上瘾"。

利用情绪讲述的是在帮助你学习时，情绪的重要性。研究表明，我们记不住的只是事实，但记得的是与它们相关的感觉。情绪也通过激发动机促进发展。你对自己的情绪越了解，你就越能意识到和理解他人的情绪。

充分利用压力会鼓励你走出舒适区，得到学习的机会。建设性的压力能够帮助你在面对挑战时拓展能力和成长。

练习正念触发了你的内在状态，让你可以在行动中观察自己。不是自动做出反应，而是利用正念在刺激和你的反应之间创造一个"空间"。正念能够赋予你力量，让你在生活中承担更大的责任。

制定行为上的承诺可以让你挖掘引导个人改变的强有力的驱动因素。行为上的承诺为你如何行动、反应和与他人互动设定了预期。有了每一个承诺，你可以改变当下的状态，强化有效行为。

通过系统地、始终如一地、结合地使用"八项要务"，你将提升创造和维持这种改变的机会，这种改变会有助于你的发展，帮助你保护你的职业道路。

第三章

成为全面学习者

四大职业致命一击

如果你的职业抱负包括在一个组织中担任高级领导职位,你会需要以下四个关键领域的经验。忽略其中的任何一个,都将是"致命一击",可能会阻止你进入高级领导级别。

1 全球化

你会被要求展现出一些全球化的经验,例如一项国际性的任务,或者至少在一个全球性的团队中工作过,这就需要大量地出差或者面对海外客户。这样的经验对于发展全球化思维模式尤为重要,每一个领导者都必须拥有市场上的竞争力,而这是个无边界的市场,并且是一个受当地细微差别严重影响的市场。你会处理不同的语言、文化标准和商业规则,这些会为你提供成长和拓展能力的机会。你将发展跨文化敏捷度,使你能够与不同文化背景的人一起工作和相处。

2 应对模糊状态

你应该感到欣慰的是,中层经理和更高职位上的人所面临的问题中90%是模糊事件,即无论问题还是解决方案都不会清晰。处理模糊状态意味着要基于当时你所掌握的信息做出最好的决定。如果你能处理好模糊状态,那么你就能有效地应对变革,在无法窥其全貌的情况下做出决定并行动,自如地转换方式,驾驭风险和不确定性。

3 处理和管理变革

当今的组织正在应对前所未有的变革。考虑到技术领域:人工智能和机器学习、物联网和非中介化等持续打破行业间壁垒的快速升级。适应变革不仅要对变化做出反应,还需要成为它的催化剂。你必须展示出你处理和管理变革的能力,可以通过实践新的想法、保持高度的兴趣等方式来展现。你能在压力下保持冷静,能够承受站在变革前沿而带来的热度和后果。

4 掌握更快的节奏

随着大范围的变革,商业领域正经历着一个更快的"游戏节奏"。从生产产品到上市每一件事的时间都被压缩,所以你必须能够掌控更快的节奏。你知道怎样去鼓励他人利用技术优势更聪明地去工作,但是你不能以超出组织能够承受的节奏推动组织。

从求职到入职

从学习者到领导者：
你的职业抱负

无论你有什么抱负，你都必须忠于自己。有些人把目光投向了C-系列的高管位子上，在职业生涯的大部分时间里都在为这个职位做准备。这些准备包括了追求更高级别的教育，例如读MBA。其他人虽然没有这样的雄心壮志，但是他们想要在一个特定的职能角色上或领域中，深度拓展某项技能。你必须了解你自己，知道你想要什么。

通过过去几年与别人打交道的经历，我发现大部分人想要在某种程度上去管理和领导他人。这可能意味着带领一个团队、部门、事业部，甚至整个公司。当领导他人时，即便是个小团队，你也必须理解职业发展的一个重要方面：带你来到这里的东西不会带你到那里。

我指的是你的技术技能，我称其为"左脑"技能。这些是你现在职位上的"筹码"。当然，会计师必须具备会计方面的专业知识，就像教师必须知道怎样教书，计算机程序员必须掌握如何编码一样。这些左脑技术技能是通过教育和经验获得的。但在某种程度上，它们又不是那么的重要，因为这种类型的知识或者专长可以是假设的。如果你试图让你的职业更进一步的话，那么人们就会期望你已经掌握了工作的核心要求。换而言之，在一定级别上，你擅长你所做的职能不足为奇，因为你下一份工作或晋升的竞争对手也是如此：想要带领整个财务团队的会计师，想成为校长的老师，想成为首席技术官的计算机程序员。

如果你想要进步，你需要逃离"左脑陷阱"。你需要拓展一套互补的技能，我称之为"右脑"技能。在右脑的中心，存在着联系和影响他人的能力。

在任何行业或者领域，领导者都需要将左脑技术专长和右脑优势结合起来。你的职位越高，右脑优势支配得就越多。这些就是"社会领导力"技能，该技能能够使领导者与不同群体的人进行互动。这意味着能够激励和影响他人，建立人际关系。

在你职业生涯的此时此刻，你可能距离领导者角色还有好几个台阶。也许，你的职业刚刚起步，或者你属于中层管理者。所有我们谈到的鼓舞和激励他人的言论似乎都与你的职位相去甚远。事实上，从你大学毕业后的第一份工作到你的下一份工作，再到更

第三章

成为全面学习者

高的职位，你需要从事各种各样的工作和任务，在这些工作和任务中，你可以培养出一整套全能型才能——左脑(技术)和右脑(人际技巧)。否则，你将很难实现你的职业目标。

德文是一位才华横溢的工程师，曾为公司管理过几个项目。他的工程专业知识和技术技能受到高度评价。但是对德文的评估显示他缺少核心的人际交往技能。他并不擅长表达同理心和同情心、激励团队和有效沟通。如果没有右脑技能，德文就无法超越工程师的角色。

对德文来说幸运的是，他的公司愿意为他投资使他进一步发展。值得称赞的是，他也有意愿去从事一些辛苦的工作以使自己有更多的自我觉察。评估和发展以及教练辅导，给了德文一些基本的右脑技能。但是他在人员管理方面会一直需要教练辅导和支持，才能使这些能力在他的职业生涯中发挥作用。

正如这个例子所示，左脑和右脑不是"非此即彼"的选择，而是"与"的关系。右脑的发展关系到成为一个更加全面发展的人，并为整体发展做准备。如果你想要超越目前的状态，你需要寻求会在这两个方向上让你得到成长和拓展能力的工作、任务和职业机会。

激励他人

最重要的右脑技能之一就是激励他人——鼓励让他们成为最好的自己，最大限度地发挥自己的潜能。为了激励他人，领导者必须描绘一个引人入胜的愿景，传达一个有吸引力的信息：一个全新的、令人兴奋的、与现在不同的未来。CEO并不是唯一能够激励他人的人。各个级别的领导者——包括第一次领导一个小团队的经理——都能激励他人。要实现这一目标，需要对组织的使命和愿景，以及团队的直接贡献，付出诚实、真实和真诚的热情。

卓越领导者的特质表现

如我之前提到过的，我们的研究者曾花费数年时间研究出可以使人们领先一步的技能和特质。我们尝试抛开猜测来鉴别出卓越领导者，而信息情报对于职业规划来说是再有用不过的了。通过对近3万名入门级、中级和C-级人员的评估，我们编制了高绩效文档，在每个级别上定义了如何才能表现出色。在本章节，你会了解到如何从两个领域来定义卓越领导者：卓越领导者如何处理异常和不确定的状况（见图3-1），卓越领导者如何与他人联系或者互动（见图3-2）。

图3-1显示了在处理异常和不确定情况时，以下关键特质与绩效表现的关系。

适应性
能适应意想不到的变化和各种突发情况；能够适应各种限制，并从逆境中反弹。

好奇心
以新颖的方式处理问题；观察模式，并理解如何整合复杂信息；渴望有深刻的理解。

细节导向
有能力系统地执行指派的任务，理解程序和严谨的重要性。

第三章

成为全面学习者

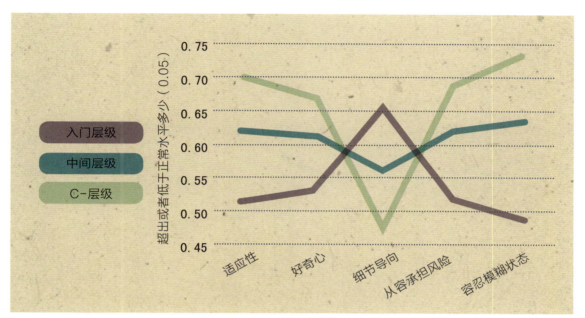

图3-1 卓越领导者的特质表现

从容承担风险

具备承担和处理风险的能力;通常,高级别的职位会涉及更高程度的风险和更高的曝光度。

容忍模糊状态

能适应不确定性,愿意在不完整的信息面前去做决定和计划。

关注这张表的中心,我们能够看到细节导向是成就入门层级的人的一个特质。在这里,我们的期望是员工能够按照要求完成分配给他们的任务和职责。在入门层级,越是关注细节,就会有越多的同事和老板可以依靠,从而可以全面和正确地完成任务。事实上,细节导向非常重要,它是入门层级员工达到高绩效的"巅峰"。

对于中层经理尤其是C-层级领导者来说,细节导向看起来就不是那么显著了(一个较低的目标),但是它依然是成为一位有效率领导者的一个重要方面。这些高管们仍然关心细节,知道细节能够成就或者破坏计划或者战略。然而,对于中间层级尤其是C-层级的人来说,高绩效意味着成功地授权给他人。实际上,一位陷入细节沼泽中的中

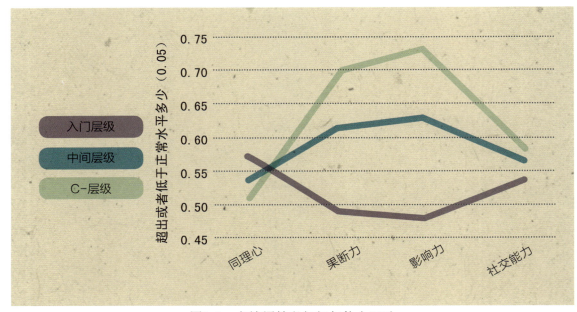

图3-2　卓越领教者如何与他人互动

层或者高级领导者将不再会有效率，也不会有必要的精力去关注战略。

从入门层级到中间层级，我们看到卓越意味着在适应性和容忍模糊状态方面的提高，这两方面都来自于经验，尤其涉及决策和承担更大的职责时。这两项特质甚至在C-层级有更进一步的发展，在这里，高绩效领导者必须有极其强的适应性和对模糊的高度容忍度。所以，他们不仅要对变革有反应，还要发起变革。

最终，在所有这三个层级上，好奇心是一项别具一格的特质。是从入门层级到中间层级和最终的C-层级向上升迁的关键。对于入门层级的高绩效员工而言，好奇心会超过正常的学习曲线，包括主动去学习新的经验和建立新的技能。对于脱颖而出的中层经理来说，好奇心会为他们带来在新领域的胜任力，例如承担几乎超出他们能力的延展性任务，或者让他们沉浸在陌生的环境中，例如到不同的国家或区域工作。对于C-层级的领导者来说，好奇心促使他们投入到终身学习中，这是成为卓越的先决条件。

在图3-2中，我们转向情感品质，它们定义了人们与他人互动的能力。

第三章

成为全面学习者

终身学习是成为卓越的先决条件。

同理心
  关心并意识到他人的感受、问题和动机。

果断力
  喜欢负责和指导他人；具有决定性。

影响力
  激励和说服他人；善于处理人际关系。

社交能力
  享受与他人互动；会由于他人在场而精力充沛，很容易开始社会交往。

如图3-2所示，入门层级的人在果断力和影响力方面都处于中层经理和C-层级高管的对立面。虽然一些人天生地比他人更果断，但它是一种可以随着时间和经验而发展的特质。例如，你可以先领导项目任务，最终领导他人。毫无疑问，对于没有什么经验的入门层级人员来说，影响力是一个低点；但是对于表现出色的中层经理来说，影响力要大得多——对于卓越领导者来说，影响力是一个关键力量。高度娴熟的C-层级领导者会借助于他们的影响力和网络，让团队在统一的目标和使命感之上达成一致。

这里描绘了情感谱的两端——同理心和社交能力——在各个层级之间显示出比较小的差异。高绩效的入门层级人员需要依赖于他人的辅导和指引，他们非常关注他人的需求——比中层和C-层级领导者更关注他人的需求。社交能力在中级和C-层级之间是相等的，因为这些高绩效的领导者需要与他人轻松互动。但那些初出茅庐、出类拔萃的人也不甘落后，他们展现出的人际交往技巧让他们乐于与他人交往，并使他们能够与同事以及比自己高出几级的同事进行互动。

正如这些资料所显示的，在每个层级自然地进步中，卓越是可以发展和表现出来的。通过对定义每个层级的高绩效特质和品质的深度认知，你可以扩大自己的优势和完善自己的不足。教练辅导、导师指引和承担在某些领域的延展性任务，将增加你成为高绩效人员的机会。

从求职到入职

最佳状态：
大脑平衡

本章最后一节会带领你以长远的眼光来看待你的职业进展，同时，也不要忽略在你当前求职中实际应用到的那些洞察力。你需要展示自己一系列的能力（左脑和右脑能力），从而从人群中脱颖而出。甚至在此刻，即便你还没有多少职业发展，你仍然需要证明你的潜力。通过这种方式，一位雇主可以现在为了某个特定的职位聘用你，并且会为将来某些职位而培养你。（再一次，我们看到了老板的重要性，他们能给你提供学习和成长的机会。）

那么，就领导力而言，"最佳状态"是什么呢？根据我们做过的针对上百万高管的测评数据，我们知道在组织的最高层级上，卓越会表现出来什么特征。即使你永远不会到达那个层级，即使你并不志愿在此方向上发展，思考如何将这些特质应用到你现有的或将来的角色中，也是会让人增长见识和鼓舞人心的。把它想象成为培养你的一项运动技能。你可能永远不会像菲尔·迈克尔森那样去打高尔夫，也不会像勒布朗·詹姆斯那样去扣篮，但是你可以通过学习研究他们是如何做到的，你会做得更好一些。在光辉国际，我们以同样的方式去研究从初任经理到C-系列高管的每个层级的领导力。

我们的研究表明，一流的CEO们在左脑和右脑技能上都是平衡的。在左脑方面，它们在推动增长、战略思维、财务敏锐度和危机管理等领域具有优势。补充这些技能的是右脑能力。最重要的是社交和人际技能，这些技能让领导者能够与他人建立联系，并且激励和鼓励他人。人际交往能力能够使领导者真正同情他人，对工作和非工作问题产生同理心和同情心。缺乏同情心的领导者会被视为冷漠无情，做不到激励和鼓励他人。右

> 开发你的右脑。在你和别人的每一次互动中，他们应该比之前感觉更好一点。

第三章

成为全面学习者

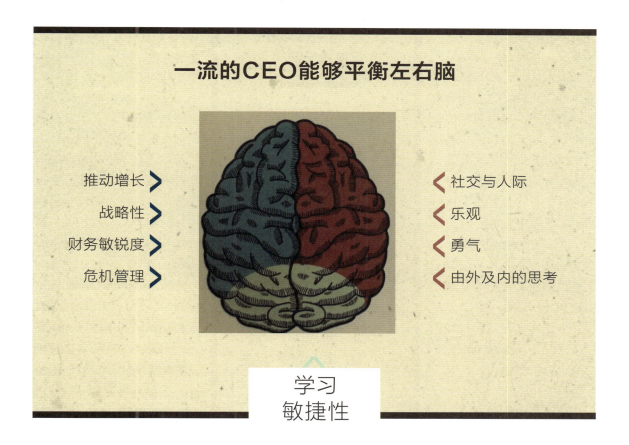

脑领导力也意味要表现出乐观的态度,去帮助他人即使身处困境,也能够找到真正前进的道路。右脑领导者是勇敢无畏的,他们知道在正确的时间对正确的人以正确的方式需要讲什么——尤其是在处境不太乐观的情况下。当他人保持缄默的时候,勇敢的领导者可能会站起来讲话,即使这意味着会带来一定的压力。

此外,一流的领导者表现出了"由外及内的思考"方式和强烈的客户关注度,这帮助他们几乎直观地感受到客户需要何种新的或者改进了的产品和服务。他们能够从客户的角度来衡量大量的外力——包括大趋势、竞争对手、产品创新和新市场。

左脑和右脑技能基础的最重要的特质之一,也是任何层级上的任何人都可以拥有的：学习敏捷性。学习敏捷性被定义为一种意愿和能力，能将从过去的经历吸取的教训，应用到新的和第一次碰到的状况和挑战中去。正如光辉国际从无数高管们身上看到的，学习敏捷性将最优秀的人才与其他人区分开来。

学习敏捷的人在不断变化的环境中是机敏的和适应性强的。他们不只是默认了过去行之有效的"旧的"解决方案和解决问题的策略，而且具备了学习敏捷性，可以应用新的方式、想法和解决方案。

学习敏捷性是一个广受欢迎的群体——高潜力人才——的差异化特征之一。这些特殊的人才以出色的工作表现著称，他们有能力、可靠且值得信赖。他们积极主动，愿意为任何任务付出额外的努力。他们还是敏捷的学习者，拥有无法满足的好奇心和与周围世界接触的积极性。

敏捷的学习者愿意质疑自己已经知道的方法和偏爱的事物。为什么呢？因为他们总是寻求更好，学习新的技能和行为方式。

很大程度上，学习敏捷性是天生的，但是，我们在人才发展上的工作表明，它也是能够被培养和发展的。让你的学习更加敏捷的方法之一就是培养你的好奇心。那些保持好奇心的人通常受到世上万物的激励。他们兴趣广泛，而且能够不断地学习。他们有意识地接触新的和不同的事物，无论是吃不熟悉的食物，还是听非偏爱的音乐。他们将每一天视为学习的一个新机会，尤其是关于他们自己。这就是为什么一流的CEO以反省来开始和结束一天的时光。

想要更加敏捷学习的人会寻求和接受反馈，并且愿意去接受有挑战性的任务。他们向别人学习，尤其是在那些别人很强而他们自己很弱的领域。他们借助于老板和导师的见解，更全面地了解自己的发展方向和下一步需要关注的问题。最重要的是，他们知道学无止境。

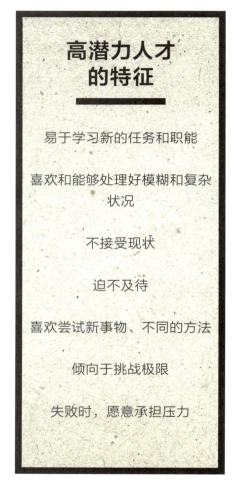

高潜力人才的特征

易于学习新的任务和职能

喜欢和能够处理好模糊和复杂状况

不接受现状

迫不及待

喜欢尝试新事物、不同的方法

倾向于挑战极限

失败时，愿意承担压力

衡量你的学习敏捷性

要了解你的学习敏捷性，请完成下面的小测试。最后，将每项得分累加，并与分值格内的内容进行比较。

1分=强烈不同意
2分=不同意
3分=同意

[ ] 我关注每一个细节，这是很重要的。

[ ] 我只接受完美。

[ ] 这项工作直到每个细节都经过尽职尽责地完成后才算结束。

[ ] 规则不是用来打破的。

[ ] 当目标和解决方案清晰时，我的工作效率最高。

[ ] 稳定性和清晰度是职业成功的关键。

[ ] 灵活性导致失误。

[ ] 我总是努力获得确定性的信息，以便正确地完成工作。

[ ] 在没有充分信息的情况下做决定对公司有害无益。

[ ] 建立一个稳定可靠的工作环境是很重要的。

10~20分
该得分区域表明具有"学习敏捷性"倾向，尤其是变革敏捷性和思维敏捷性。处理不确定状况和变化的能力，以及容忍细节缺失的能力，是敏捷性工作方式的标志。

21~30分
该得分区域表明具有勤奋和尽职倾向。细节导向和对确定性的需求是一个有强烈献身精神的员工的标志，但是它们会阻碍晋升，在很多方面都与敏捷性的工作方式背道而驰。

从求职到入职

如何学以致用？

最根本的道理其实很简单：你的职业道路是你自己造就的。从一份工作到另一份工作，你创造了一个轨迹，理想情况下，它应该显示出你对工作越来越精通，有更大的职责和更高要求的任务。这不是偶然发生的。它是从现在开始到你的下一份工作，你计划周详的一部分。推动这一进程的是终身学习——真实的、有目标的和持续的学习。

你学习和成长得越多，你获得成功的机会就越多（你赚的钱就会越多）。学习是手段也是终点，因为即使你达到了职业道路的最终目标，你依然要继续学习下去。

NOTES

第四章

以下一次机会为目标

全靠你的努力	68
为求职而制订计划	69
地理位置：你想在哪里生活和工作	70
你的公司愿望清单	73
你自己属于哪里？寻求反馈	74
锁定行业和部门	75
求职螺旋曲线：角色和职责	78
轴心点	80

从求职到入职

你可能会为杰德申辩,认为他已经尽了最大的努力——正如他喜欢说的,他是个"求职狂"。杰德是我大学时的朋友,他的大部分职业生涯都是在一家似乎总能成为《财富》杂志封面的大公司里度过的。作为高级副总裁,他并非完全是C-系列的高管,但是他已经与现任的和未来的公司领导者有了足够多的一对一午餐的机会,并且身着燕尾服出席了足够多的公司赞助的活动,他知道此生他在公司里有一席之地。

问题在于,在他为他的《财富》杂志封面公司服务的二十年里,公司的寿命在用一种痛苦的方式逐渐缩短。竞争、全球化、技术——凡是你能说出的名词——已经让他的职责规模比过去缩小了一半。与杰德的工作一样,其他的东西也在衰退:他的发际线。由于担心危机随时到来,他显得焦虑不安,杰德开始悄悄地在领英招聘网站上精心制作个人文档,对一个短语相对于另一个短语的优点有着荒谬的痴迷,比如,是使用"主管"一个部门还是"运营"一个部门。他开始为自己在领英上的联系人背书,希望他们也能对他背书。所有这些努力让他认为在线优化个人文档就是他需要做的全部。真见鬼,最终他的联系人高达312位。(是的,我变得刻薄了。)他不断告诉自己,肯定有人会认可他的才华。会有人的!

我们当然知道结果会如何。公司被收购了,杰德发现天上没有慧眼关注他——除了他自己以外。事实上,他的电子邮件收件箱空空如也,这让他感到沮丧。那"乱七八糟"的求职工作得开始了,希望不会太晚。

第四章

以下一次机会为目标

某些特定的工作技能会一直有很大的需求,而且新技术也凭空创造了很多需求。例如,美国最大的前三位汽车制造商花费了数十亿美元,试图聘用和支付他们能够找到的每一位软件专家去设计完美的无人驾驶汽车。但是除非你抓住瓶中的闪电(创造和讲述故事,源于童话书作者帕特里夏·波拉科——译者注),或者给自己创造出非同寻常的轰动(或许经常出现在电视新闻中),否则没有人会来找你。事实上,你会有难以置信的羞愧感,会有这么多的人才——各个层级上的人才——充斥于这个荒谬的人才供应市场。

所以,你需要找到你想要的工作,这将会意味着一切从采用全新的方法开始,到建立人际关系网络,再到避免"12宗罪"式的面试。但是所有人似乎都跳过了"瞄准你的下一个机会"这一步骤。这让人感到遗憾,因为它是一种很好的方式,可以减少你把有限的资源——你的时间——投入到毫无意义的努力上的概率。

目前是否存在这样的机会无关紧要,你可以创造这样的机会。我们的目标是将你的"KF4D"——你在第二章中确定的特质、驱动因素和胜任力——与你在公司中最适合的职位匹配起来。其中一些问题——比如询问你想住在哪里——听起来很简单,但你会惊讶于有多少人把它搞砸了。然后,还有针对具体行业和公司的调查工作,你可以利用一些令人惊叹的细节来完成。你在寻找一个你的目标和公司目标一致的交叉点,一个你得以茁壮成长的环境。在那里,你会找到工作的意义,自然而然地激发你的积极性,使你能够在一个最适合你的职位上表现出色。

同样重要的是,你越是瞄准你想要的机会,你的人际网络中的人就越容易帮助你。如果你不清楚你到底想要的是什么,人们就很难参与其中。你必须努力使他们能够帮助你!

具有讽刺意味的是,当我们年轻时,我们会直觉地知道如何去瞄准目标。最近,当我带孩子们去冰淇淋店时,我想起了这件事。一位十五六岁的年轻人坐在角落的桌子旁填写应聘申请表。这一场景真切地把我带回了我的高中时代!你直接走到你想要去工作的地

不可明说的真相

✖

比起找工作,人们在购买平板电视或洗衣机时做的调查更多。

方询问他们是否要人。如果经理或者店主不是很忙，你会立刻得到一次"面试"机会。如果你的朋友就在这工作，他们会帮你说好话。事实上，你可能是从一位朋友那里得知这份工作的，这位朋友为你向经理做了"友情介绍"。

但是随着职业的发展，我们产生了这样一种想法，我们必须等待工作的来临，或者我们可以通过在网上发送简历的方式来消极对待它。互联网对此负有部分责任。在一个又一个的社交媒体平台上，我们被告知我们有多少"粉丝"或"联系人"，但我们从未被告知这些数字其实是有多微不足道。每个人都是大人物——在他或者她的小世界里，但是这个世界可能与下一份工作无关。所以，我们所理解的求职过程如同与青少年的一样——在那些岁月里取得了非常好的效果——开始让我们迷惑不解了。我们忘记了同样的基本规则：了解你想去哪里，然后得到一份友情介绍。甚至在最高层级上的工作，它与冰淇淋店也没什么不同。

人们在求职过程中感到有挫败感。有些人真的对如何找到工作感到困惑。其他人则是不想做必要的辛苦工作。但这是无法避免的。你得做跑腿工作。光辉国际的职业教练们，辅导那些积极主动地管理自己职业生涯的人，向求职者传授目标锁定策略。（访问我们的网站：www.KFAdvance.com）这些教练提供建议和指导，但是他们不会去做这些艰苦的工作。这取决于求职者，他们必须完全投入到目标锁定过程中。

全靠你的努力

事实上，比起找工作，人们在购买平板电视或洗衣机时做的调查更多。购买大家电或者新车时，他们会花费大量的时间在网上浏览，比较一个品牌和另一个品牌的特点，阅读几十篇的客户评论。他们会与朋友谈论，去了解他们的建议和体验。当买一辆车时，他们会坚持试驾。但是如果问他们什么样的公司文化最适合他们，或者他们最想和什么类型的老板一起共事时，他们就会无所适从。在各个层级上，都普遍存在这个问题。人们知道他们需要一份工作，但是他们并不真正知道到哪里或者怎样去找这样的工作。

艾丽西娅就是这样一个例子，她是一位非常成功的高级管理人员，曾经服务于多家顶尖公司。她通过多方联系找到了我，我们一

第四章
以下一次机会为目标

起喝了咖啡。我在心里期待她能够带来一些公司,想要谈谈如何介绍我认识它们。

然而,艾丽西娅一见到我就说:"我想换一份新工作。有什么建议吗?"

我简直难以相信!除了让人印象深刻的职业发展轨迹和七位数的薪酬外,艾丽西娅对自己想去哪里,比我上大学的孩子和他们的朋友了解得还要少。她所知道的是,由于家庭责任,她想要去旧金山地区,但她可以在加州任何地方工作。

"就从那儿开始吧,"我告诉艾丽西娅,"找出你想要居住的城市里的公司,然后找出那些拥有你最认同的文化的公司。"

这不是火箭科学,伙伴们。但是它似乎对艾丽西娅来说是新事物。也许她自己开始找工作已经有一段时间了。加上繁重的工作和家庭责任,也许找工作的过程会让她不知所措。(生活并不会因为你想要换一份工作而停止。)无论什么原因,艾丽西娅似乎认为能做的就是和我见面,然后我会神奇地从招聘帽子里拿出一份工作给她。如果这就是她的真正想法,那么也许她会对我的建议感到失望:她必须要去完成她自己的家庭作业。

为求职而制订计划

你需要有系统性地开始求职,而不是随意搜索工作。换而言之,你需要一个计划,分解到不同阶段的计划,把它当成一份市场战略,其中你就是产品。基于KF4D模型销售自己——你是什么样的人以及你能为雇主带来什么样的独特的贡献。

同时,你不仅仅是卖家,你还是买家。在一家目标与你的目标相一致的组织里,你正在购买合适的机会。这样的思路会让事情发生变化,因为它强调了你在这件事上会有更多的选择。你在锁定求职目标上做得越多,你就越能更好地推销自己,并且不会将时间浪费在不适合你的机会上——对你对组织都是如此。你的信心会增强,你不再受到你可能认为的有限机会的伤害。当你专注于你想要什么和你能做出什么贡献时,你就会拿回你的力量。

> 你的目标锁定计划就是一份市场战略，其中你就是产品。

你的目标锁定计划
计划必须包括以下三个主要方面：

地理位置
你想要在哪里居住和工作

公司
你喜欢在哪里工作？为什么——特别要注意目标，文化和适配性

角色和职责
你能为你的下一任雇主带来什么

地理位置：你想在哪里生活和工作

让你知道你想在哪里工作和生活似乎是很简单的建议，但是你可能会很惊讶，有很多人并没有考虑清楚工作地点。在过去几年里，光辉国际的招聘专家们在成百甚至上千的求职者身上遇到这个令人沮丧的问题。

玛丽，一位居住在丹佛市的高管，正在面试一份在洛杉矶梦寐以求的工作。从与招聘顾问第一次谈话开始，玛丽一再保证异地工作没有问题。她喜欢加州，或者至少是喜欢加州的理念：天气、海岸和生活方式。还有什么比这更完美的呢？

在第一轮的面对面面试中，人力资源部和用人部门经理问到玛丽异地工作是否有问题。她再一次坚定地保证："没有问题。"

通过第二次面试和第三次面试，所有的系统显示玛丽可以"继续下去"。于是，公司发出了工作邀约，但是她并没有立即予以回复。当招聘人员致电玛丽看她是否有什么问题时，玛丽澄清了事实。"我并没有告知我的伴侣这个工作是在洛杉矶，我们必须要搬家，"她说，"他不想去那里居住。"

由于未能和她的伴侣达成一致，玛丽不得不拒绝了这次工作机会。这给参与整个过程

第四章

以下一次机会为目标

的人带来了极大的不便，特别是公司，毕竟玛丽是一再保证她愿意异地工作的。几个月前我与玛丽聊起这件事的时候，她依然在丹佛，但是已经与伴侣分手了。她永远无法从对他的怨恨中解脱出来，因为他不愿迁居。

这是个真实的警示故事。三思而后行！这句话的含义远远大于当下所发生的事情。如果你在最后一分钟才拒绝工作机会，这个消息就会传开，可能会降低你被其他公司录用的机会。行业彼此之间的联系比你想象的更加紧密。同样重要的是，你也不想浪费自己的时间和精力在那些你不想为之工作的机会上，你需要关注并瞄准最好的机会。

通勤是人们经常忽视的另一个主要问题。在你接受一份工作之前，你可能要说服你自己，单程90分钟或者两小时的通勤是否可行。但是随着时间的推移，它可能成为一个严重的生活方式问题。每天长时间地通勤会扭曲你对工作和雇主的看法。不满会随之而来，绩效也会受到影响。然后，更可能的是，会损害到你的家庭生活。我认识几位高管，他们放弃令人羡慕的报酬丰厚的工作，仅仅简单地因为他们再也不能忍受通勤了。

建立你的基本规则

了解你想在哪里工作和生活。
如果你想或者需要留在某个区域、省/州或者城市，那么就不要看那些需要你居住或工作在其他城市的工作。如果你对招聘人员说，"我可以到任何地方工作"，那就要保证这是你的真实想法。

不要假设你的公司可以允许你虚拟化办公。
尽管一些雇主的确提供了这样的灵活性，但是更多的公司要求员工至少花费一些时间在实际的办公地点上班，以促进彼此间的合作。

在一个地方工作，周末往返回家并不是一个长期的解决方案。
那样可以维持一段时间的工作，有很多的人现在就是这么做的，包括那些顾问，他们会连续几个月周一到周四在客户现场工作。但是我不知道有谁可以无限期地这么工作下去。几年前，我认识一位石油行业的高管，他在休斯敦的一家贸易公司谋得一份工作，而他的家人留在康涅狄格州，这样他的孩子就不用换学校了。他这样工作了一年就不能继续下去了，于是辞去了工作。他告诉我："在我的最后一次飞行之后，我扔掉了我的行李箱。我简直无法忍受看到它们。"

从求职到入职

我的地理位置愿望清单

基本的 我最想在哪里生活和工作？

其次 我可以接受哪里的就业市场？

需要考虑的问题

我愿意异地工作吗？为什么愿意或者为什么不愿意？

我已经考虑了生活成本、住房、学校、社区、活动和文化了吗？

我能忍受多长时间的通勤？

我是否愿意在我首选和第二选择的工作地点以外的就业市场工作？

　　如果这样，那么我对这样的工作变动持开放态度的标准是什么（例如，为一家我欣赏其使命/价值观的公司工作，并且有一个可以加速我学习的职位）？

第四章

以下一次机会为目标

你的公司愿望清单

一旦你设定好了你的地理目标，接下来就是确定你喜欢服务的组织。记住，你是"买家"，所以设想一下你理想中的雇主。

> **我的组织目标**
>
> 组织规模：我更喜欢小公司、中等规模的公司还是大公司？
>
> 环境/文化：我会怎样描述最适合我的环境/文化（快节奏的、合作的、休闲的、团结的，等等）？

一些非常简单的问题可以提示你，什么类型的组织会让你觉得最合适。这里有两个例子：

你想穿什么去上班？

对有些人来说，选择休闲类的服饰。对其他人来说，连帽衫或瑜伽裤的想法并不吸引人。人们如何着装揭示了公司文化的方方面面，也反映了你的融入程度。举例来说，菲利普拥有计算机科学博士学位，这让他在硅谷的创业公司或者成熟的大型科技公司非常抢手。但是当菲利普考虑去工作时，他勾勒出了他着正装打领带的图片。不意外地，他发现他最适合去投资银行。

你喜欢读什么书？

想象你在前台接待区，这里有一个放满了杂志的书架。你更喜欢选择《经济学人》还是《洋葱》（一份美国新闻讽刺杂志——译者注）？

这里还有一些问题需要思考

虚拟办公对你来说是不是没有商量余地？

你喜欢录音棚还是图书馆？

你会有什么感受，当你走进这样的办公室，这里你能听得到一根针掉在地上，或者，这里你能够听到正在进行中的音乐播放和多方对话？

你喜欢正式到什么程度的环境？

你想要预定停车位，门上带有姓名的办公室，在特定的预约时间内与他人见面吗？

你喜欢公司野餐和假期聚会吗？

你喜欢一个人们互相了解对方家庭的工作环境吗？

你喜欢每天集体午餐的想法吗？随之而来的是你将花费更多的时间在你的办公桌前？

你理想中的办公场所在早晨七点看起来是

什么样子的？

晚上七点呢？下班之后，停车场有多满？

你愿意频繁出差吗？

多少次算太多？

你的答案会让你洞察到什么类型的公司和环境对你最合适。不要评判自己或者自己的反应。如果你这么做，你可能会试图以你认为应该的方式来回答问题。然而，对自己不真实，会导致你去寻找那些不适合你的公司。

你自己属于哪里？寻求反馈

除了问自己问题外，你可以与你的前任老板、同事和/或其他你信任的顾问对话，和他们聊聊什么类型的公司最适合你的发展。这里有两种方法可以让你了解你属于什么类型的公司：

联系一位以前的老板，即过去曾经指导过你或者管理过你的人，询问他或她对你的技能有什么看法，以及你最适合在哪里工作。在公司和职位方面，拥有类似经验和技能的人去了哪里？这是否为你提供了一条有意义的职业道路？你的前任老板的观点可能会证实你自己的想法，也可以拓展你对可能的机会的思考。

寻找以前的同事或者你认识的人，他们已经加入了你的目标公司或者行业内相似的公司。在那里工作怎么样？他或她会怎样描述那里的文化？这与"报喜不报忧"的人力资源部门和用人部门经理的答案不同。这可能迟早会发生，但现在你要寻找的是在这家公司工作的内幕消息。你要问的问题之一是，"通常谁会得到提升——人们升职是基于资历还是任人唯贤？"这会让你深度了解公司的文化（传统的、等级森严的，或者更加扁平化的和绩效导向的），以及你的职业道路可能会是什么样。

这要求完成一些真正的家庭作业。你需要调查尽可能多的公司（一位光辉国际的职业发展教练推荐调查五十家公司），这样你才能做出明智的选择。

基于你的目标锁定计划，你可以有两张清单，正如玛格丽特拥有的那样。在华尔街工作了20年后，她瞄准了两个截然不同的领域的机会。她继续关注金融服务公司的机会，

第四章

以下一次机会为目标

锁定行业和部门

但是她也被慈善事业所吸引，这与她的目标相符，也为她提供了施展投资专长的机会。因此，她有两个目标道路，每一个领域都有多家公司/组织机构。

公司会激励你吗？

在这个阶段最后要考虑的是动机。现在流行的说法是，职场上的工作积极性正在急剧下降，公司因此损失了数十亿美元。虽然损失数十亿美元是事实，但动机是一个更为复杂的问题。我们的研究表明，与人们普遍认为的相反，人们感觉是内在的动力推动他们走得更远，而这些人占有让人吃惊的比重。但是40%的人认为，他们的公司并没有提供相应的激励制度来保持他们的积极性。这个来自于"内在"和"外在"的激励水平的差距，不仅仅是鸡尾酒会八卦的素材。这意味着，如果你把目标对准那些提供激励的公司，你将会更加满意。所以，深入挖掘你的调查，去找出你目标公司的员工——满意的和不满意的人，去了解这些公司在多大程度上认可和鼓励主动性和创新性。

40%的人认为他们的公司没有提供相应的激励制度来保持他们的积极性。

当你逐渐锁定目标公司时，行业和部门就会带来一定的影响。举例来说，如果你是一位医疗保健行业的专业人士，你基本上会想为医疗行业的公司服务。但是对于很多工作来说——特别是在充满活力的科技领域——行业更是一个包罗万象的概念。

当你想到科技行业的公司时，经常涌现在你脑海中的名字可能有：亚马逊、苹果、谷歌、脸书、微软，等等。不过，所有的公司都在逐渐地从事科技业务。例如，蓝筹股工业公司正积极推出数字化战略。做好家庭作业，在你的目标地理区域内（或者除了这些，你愿意异地工作的区域），发现那些正在做着有趣的、目标导向的事情的公司。你可能会惊喜地发现，在当今技术驱动的世界中，这些机会随处可见。

哪里可以找到这些公司

进行广泛的互联网搜索：搜索某城市"前五十强公司"，会产生一份雇主清单。

按照地域和部门搜索：如果你的教育背景（例如，你是一位注册护士）、专业知识或者感兴趣的领域非常特殊，那么就在特定的地理区域内搜索与你的专长（工程、护理、教育）相匹配的公司和组织。

领英：在领英上搜索行业或者领域会让你看到公司和为此公司服务的人。

玻璃门（Glassdoor）：这个网站提供了由现任和前任员工发布的对公司的评论。

专业网站：包括针对创业者的Crunchbase网站和针对小企业的Manta网站。

校友网站和团体：你的大学母校给校友还有应届毕业生提供了职业发展资源。这些包括社交活动，和聆听来自不同行业和公司的评论。

了解什么对你最重要

当你寻找目标公司时，考虑一下什么对你来说是最重要的。例如，如果你对多元化充满热情，那么目标公司不仅要在员工中，而且要在领导团队和董事会成员中，都以多元化著称。

如果工作生活的平衡是最重要的，那么就要考虑行业和最适合你的公司类型。例如，投资银行和顾问公司以工作时间长、通宵和周末加班而闻名。了解你自己——你的愿望和局限。你对自己的需求了解得越清楚，你就越能确定最适合自己的工作。

1 公司的声誉如何？

2 这个职位需要你做什么？
（不要只阅读职位描述。与那些实际做这项工作的人聊聊。）

3 工作/生活平衡？

当你为你的清单调查公司和组织机构时，还要考虑到它们作为雇主的声誉。它们是"最佳"雇主公司吗？《财富》杂志每年都会发布一份榜单，以及评判和排名公司的标准。有几家机构公布了"最佳的工作场所"的整体排名和各种类别的排名（针对女性、在职父母等）。文化是评价公司最重要的标准之一。一个公司的文化能够随着时间而演变，但是如果你发现你自己置身于不适合你的环境中，那么它可能演变得还不够快。

人们由于他们所知道的而被聘用，而由于他们是谁而被解聘！ 确保自己是适合公司文化的人。

在光辉国际，我们曾经聘用了一些高管，他们渴望为公司工作，但还没有准备好去承担这份占用夜晚和周末的工作。一位高管在聘用后，拒绝在周六接电话，想要一个有他名字的停车位，可以每天下午2:30去健身房健身。无须赘言，这是行不通的。

你可以通过网络搜索出大量关于公司文化的信息，公司自己的网站是一个很好的开始。在那上面，你可以找到公司的远景目标和愿景描述，并研究它的慈善活动。

工作搜索清单

1. 研究你感兴趣的行业，你有相应经验的行业，或者你能胜任的行业。

2. 识别出那些行业里的公司。

3. 通过访问每一家公司的官方网站，在新闻报道、博客和留言板上阅读它们的信息，来研究这些公司的文化。

4. 搜索你的人际网络中那些在这些公司工作的人，或者知道其他在这家公司工作的人。

公司在本行业中的地位如何？调查该公司在脸书（Facebook）和领英上的主页，查看公司发布的博客。在推特（Twitter）上关注你的目标公司。社交媒体还会让你看到在职和以前员工的评论。如果你对在职员工发布的博客予以评论，那么这可能让你开启一个新的关系，得到一个推荐。

如果这是一家上市公司，华尔街的分析师们会跟踪这家公司，他们的研究报告会发布在雅虎金融（Yahoo Finance）等金融网站上。你可以收听收益电话或电话录音，收听客户是如何评价公司的产品和服务的。

当你梳理公司网站信息时，看看董事会和领导团队。高级管理者之前是在哪里工作过？他们在哪里上的学？你的搜索工作要一直持续下去。看看他们在领英上的个人资料，了解是否有什么有用的联系人。他们认识谁，谁又认识谁，最后这个谁有可能认识我吗？（注意这些联系，你要把这些联系人好好地用在"人际网络"上。）在社交媒体和博客上查看这些领导者的信息资料。

在公司网站上发布了哪些空缺职位？他们在找什么类型的人才？所有这些观察都会帮助你编制和改进你的公司清单。

求职螺旋曲线：角色和职责

随着你进入下一阶段——锁定具体的角色和职责，你的求职可能会是狭义的或者是广义的，这取决于你的专业知识和经验水平。总体来说，你在一个行业或者一类职能角色上花费的时间越多，你就越不可能作极端的职业转变。但是在入门层级和中层级别，在你追求的角色和你的目标行业领域选择上，你的确有更大的自由度。

就像螺旋曲线，而曲线的中心就是你现在的工作。如果你的求职局限在基于你直接经验的工作机会上——在类似的公司从事同样的工作，你就不会在螺旋曲线上上升。可以到一家更大的竞争对手那里，或者管理更大的团队或更大的项目。甚至当这项工作变动与你现有的工作紧密相关时，你也要去了解你在寻找什么。你准备去承担多少的工作职责？你想要成为团队成员还是团队领导？你希望去管理他人吗？你想要去承担P&L（利润和亏损）的职责，还是只想做个人贡献者？

或者你可以去看看相邻的行业领域。你在医药行业但是你对医疗设备行业感兴趣，或者你在银行业但对经纪业务感兴趣。这些领域紧密相关，所以你只是曲线上的一个螺旋。

第四章

以下一次机会为目标

有了明确的胜任力、技能和经验来证明你能做出什么贡献，你可能会发现被招聘经理认真对待并不难。

同样的道理也适用于在同一领域内的角色转换。你是一位B2B科技公司的市场营销经理，但是你想去寻求一个B2B销售职位。你距离螺旋曲线的中心越近，职业生涯的变动就会越合乎逻辑。

然而，一些人寻求戏剧性的变化，使得他们置于螺旋曲线更远的地方。总体来说，你距离曲线中心越远，你转换你的技能体系和行业知识就越难。那就是说，在跨行业中，存在着具有高度需求的特定的角色和专业领域。这些包括数据分析、数字供应链管理和网络安全。为了得到他们需要的专业知识，一些公司会积极地从其他行业招聘人才。

但是如果你因为对完全不同于你目前工作的东西感兴趣，而改变你所从事的行业，那就更加困难了。首先，你会面对一些人的竞争，他们的背景更符合公司的要求。不过这并非不可能，但是你需要付出艰苦的工作，

签到"现实"

如果你在目前的公司做得很好，获得过几次晋升，你可能需要现实地审视一下自己，应该如何在公司之外推销自己。你的职业生涯只包括内部变动，你可能还没有弄清楚自己适合什么环境，什么样的工作适合你。如果是这样的话，我们一位招聘人员建议做个练习：想象一下，你将在两个月之后离职，创办一家咨询公司。你将会提供什么样的服务，或者你会销售什么产品？你的目标客户是谁？哪些行业的什么公司会是你的最大客户？

才能实现这种变化。你可以这样开始：

人际网络：从从事该领域的人那里尽可能找出"新"行业的信息。不要一开始就询问什么样的工作适合你。相反，关注这个人做了些什么。询问他或她的角色和职责。典型的一天是什么样的？客户是谁？公司文化是什么样的？

转化你的经验：一旦你了解了新行业中有价值的专业知识，就要考虑你怎样才能做出贡献，如何将你曾经做过的工作转化成这个行业需要的专业技能。

了解你的观点会带来什么：来自另一行业的经历如何让你成为有吸引力的求职者？你的行业是否经历了与新行业类似的挑战（快速扩张，整合，数字转型，等等）？

无论你距离你的求职螺旋曲线中心有多近或者有多远，一切都取决于你能给你的下一位雇主带来些什么。基于你最近的工作和成就，你为人所知的东西是什么——是什么让你独一无二？

从求职到入职

轴心点

还记得杰德吗?那位发现自己用来引起注意的扩音器太小了的前高级副总裁?他会对所有这些说些什么?事实上,当以下一个机会为目标时,大多数人投入到这个经常被忽视但却很关键的步骤中,开始时比杰德更有信心,更少沮丧。瞄准目标不仅仅是通过工作市场调研。这是求职过程的轴心,从理解你是谁以及你能带来什么价值(KF4D),到哪里可能会认可和欣赏你的价值。你不会蒙着眼睛射飞镖,也不会出于绝望而去寻求任何工作,也不会在这个过程中让自己沮丧。你会寻求对你(和你未来可能的招聘经理)有意义的机会,这能够提升你获得工作的概率,这个机会会持续甚至加速你的职业发展。

NOTES

第五章

人际交往是一种建立联系的运动

为什么人际交往让人困惑	85
接触点	86
人际交往101：选项框	88
黄金定律：不只与你有关	89
证明的重要性	91
建立证明人网络	92
寻找成功者	93
做好长期准备	94
人际网络不应止于新工作	95

外向的人认为他们自己是行家里手，内向的人则对此感到畏惧。大部分的人则处于中间的某个位置。"它"就是人际交往。一些人认为这很简单，就像在一个房间里工作，与见到的每一个人聊天。他们将一头扎进一场社交活动中，就像一群饥饿的海豹游荡在鱼群中一样。或者，他们会像20世纪50年代逐家推销真空吸尘器的销售员一样，去与每一个他遇到的人打交道。这不是人际交往，它是一份履历表——在某些特殊情况下，我们大多数人都会遇到这种情况。想一想一个周六早晨我发生了什么。

我周末要做的第一件事是去干洗店拿我的衬衣，然后留下另一批要洗的衣服。我身着周六的典型服饰：牛仔裤和T恤衫。我和我的行为举止表明，我只是一个典型的父亲，在孩子们的体育锻炼和游戏之间跑跑腿。我打了声招呼，"琼斯太太"，她是干洗店的店主。我拿走我的衬衣，留下一捆脏衣服，就去做我的事情去了。

第五章
人际交往是一种建立联系的运动

> **不可明说的真相**
>
> ✗
>
> 人际交往对大多数人来说是个巨大的谜团,甚至他们中很多认为自己做得很好的人也可能没有做好——因为他们没有意识到这总是与他人相关。

为什么人际交往让人困惑

但那天晚些时候,当我把干净的衬衫挂到衣橱里时,我发现了一个令人惊讶的事。在两件衬衣之间滑下来一份"约翰·琼斯"的简历,一位刚毕业的大学生,很明显,是琼斯太太的儿子。

琼斯太太和我从未交谈过。她从未告诉过我她有一个儿子,或者他在读大学。她也从未请我花几分钟给他的儿子提点职业发展的建议。而且坦率地说,我不知道她是否知道我在光辉国际工作。也许,她曾经想知道为什么我要穿这么多的正式服装,并且在谷歌上搜索过我的名字。

但是老实说,偷偷地将简历放在我的衬衫中有点匪夷所思,这不是在人际交往。(顺便说一下,我的确最终见到了这个孩子并一起喝了咖啡。他是个很有前途的好孩子。)

我断定对大多数人来说,怎样有效地进行人际交往是一个巨大的谜团,因为他们对此很畏惧。向别人求助会让他们感到尴尬,而主动联系某人的想法就像打电话推销那些你在深夜电视导购节目上看到的方便的切刀一样吸引人。伙计们,这不是人际交往!

这引出了更为重要的问题:人际交往不佳比没有人际交往更糟糕。这里有第二个例子:我在医院里做门诊手术——不严重,就是需要麻醉以及术后一小段时间的恢复。当我躺在那儿,穿着一件迷人的浅蓝色住院服,胳膊上做着静脉注射时,一位麻醉师走进来看着我。

我正期待着对方问更多的问题,诸如我感觉如何,最近一次我吃了什么或喝了什么之类的。然而,麻醉师微笑着检查我的体检图表,问我是做什么的。当我告诉他时,他说:"哦,我永远做不了这样的工作——压力太大!"

接下来我知道的是,手术结束了,我被放在医院专用的轮床上,推进了康复室。即使在我昏昏沉沉的状态下,也感觉到是麻醉师推着我。这似乎不寻常,我想知道是不是什么地方搞错了。"一切都很好吗?"我嘟囔着。

看到我醒了,麻醉师给了我一个大大的安慰的微笑。然后伸手从白色外套中拿出了一份两页纸的文件。我感觉双眼失去焦距似的,简直不敢相信自己看到了什么。那是他的简历。"当你提及光辉国际时,"他说,"我想这么做不会有什么坏处。"

真的吗?我可能是一个"被俘虏的观众",但是我的确不在建立人际关系的状态中。

人际交往中暴露出来的小缺点,显示出很多人对此事是多么的不擅长。想象一下我们一位招聘人员的经历,他在健身房的桑拿室里,一个他不认识的人过来打招呼。"我听说你是一位招聘顾问,"这个人说,他是一位已经失业八个月的IT专业人士,"我想和你聊聊我自己。"

"你看到我有带着笔的地方吗?"这位招聘顾问问道。

这个人领悟到了暗示,然后拿着被蒸汽打湿的简历离开了。

这样的埋伏式的尝试真让人倒胃口!但是你不能走向另一个极端,即完全避免人际交往。人际网络对于你获得下一份工作是极其重要的。但是你要采取正确的方式,而且要适应我们生活的这个时间紧迫、精通科技的世界。

作为一项正在进行的练习,建立人际关系网络远不止只是询问所有你认识的人,他们是否知道有什么职位空缺。这种类型的人际交往通常是徒劳无功的,你会浪费你的时间也浪费他人的时间。你不能一直敲同一扇门,请人们帮助你。某种程度上,你甚至会让你的朋友感到疲惫。

接触点

那就是为什么人际关系网不应该在你开始找工作的时候才搭建。如果你到现在还没有考虑到维护和培养你的关系网,那么你就落伍了。如果联系他人仅是出于寻求他们的帮助,这会令他们当中的很多人退却,尤其是在他们并不了解你的时候。这是人性使然。

第五章

人际交往是一种建立联系的运动

> **如果联系他人仅是出于寻求他们的帮助，这会令他们当中的很多人退却——特别是在他们并不了解你的时候。**

我已经有十多年没有见到乔或者听到他的消息了。虽然我们在同一行业工作，但是我们很少有交集，除了在行业活动上。在工作之外，我们也不是朋友。我所能知道的乔的消息来自于《金融新闻》(Financial News)：几年前，他承认了内幕交易罪名，并在监狱里度过了几个月。

在那段时间里，他从未联系过我。在那段时间里，也没有我们共同认识的人找过我。他是一段遥远的回忆，是报纸上一件不幸事件的报道中提到的熟悉的名字。

所以，在距我们上一次联系的十多年之后，乔通过电子邮件联系到我，要求我们"共进午餐"时，你可以想象得出我是多么的惊讶。他需要一份工作，希望我能够给他一些建议，并把他介绍给我们一些招聘顾问。真的吗？

我的反应与乔由于内幕交易入狱一事无关。从我读到的新闻来看，乔需要为此承担全部责任。即便如此，因为这是乔第一次联系我——且是在很多年之后，并且基于我们之前也不过是点头之交而已。所以,他提出了这样一个"向你讨教"找工作的要求。

你可能认为我太苛刻了，但如果你"突然"接近别人时，这是别人的自然反应。你可能会找到一个无论出于什么原因都会帮助你的人。但是，坦率地说，这是例外，而不是常态。

不仅是个名字

光辉国际全球网络的顾问们是非常受欢迎的一群人。他们的关系网络很广泛也很有深度，特别是在他们擅长的行业和职能领域。他们的工作就是了解每一个人。如同我们的一位招聘顾问最近告诉我的，"我努力去了解我的人际网络中的每一位联系人"。她通过职业介绍、行业活动、领英网站认识了上百人，她可以告诉你其中每一个人的信息——她是怎样见到他们的，他们参与了什么项目，他们感兴趣的话题。这些联系人不仅仅是名字。他们是真实的人！

当你建立人际关系网络时思考下这些。领英网站是很棒的工具，除非你真的了解他们，否则你不应该点击"连接"。否则，你只是个名字，你建立联系的要求可能会被忽略。

人际交往101：选项框

关于人际关系网络的理念，已经写得很多了，但这里写的是基本的。给你一个忠告（或者把它当作一个警告）：要得到一份工作，你要做的不仅仅是完成如下的选项。

[ ] 人际关系网络需要一个目标
    在心中要有一个目标，从而你与他人的讨论才会有目的性。当你人际网络上的人理解了你的目标时，他们才会清楚他们可以在哪里及如何帮助你。如果你的目标是得到一份新工作，要确定你的目标是聚焦在具体的组织和职位上。

[ ] 列个清单
    写下你关系网中的每个人的名字——家庭成员、朋友、现在的或者之前的同事、业务联系人、专业组织成员、你在社交上认识的人，或者通过你隶属的团体认识的人。当你检查这份清单时，想想那些你经常见到的人。

[ ] 匹配联系人和公司
    当你将你的联系人分类时，也要想想列在你的"愿望清单"上的前几位的你的下一雇主。在你的关系网中，谁能把你和这些公司里的人联系起来？

[ ] 尊重他人的时间
    当你与你人际网络中的人接触时，无论是"向他们讨教"一家公司，或者要求介绍给什么人，他们都是在帮你忙。即使那个人是你的好朋友，你也会因为不停地唠叨求助而让他精疲力竭。机会是人们会做他们能做的事，但更取决于你去做繁重的事。

第五章

人际交往是一种建立联系的运动

黄金定律：
不只与你有关

人际交往就是建立关系，而关系不是单方面的。那就是为什么人际交往的黄金定律是：不只与你有关！理想状态下，人际关系网建立在你能为他人做什么的基础上。你不要成为这样的人：不知从什么地方跳出来打电话，向你五年没联系过的人寻求帮助！这种事经常发生，这是公然滥用你的人际网络。你不能把没放进去的东西拿出来。

现在，列一份清单，写出你能为你的人际网络中的人能做的事情。即便是小事，如果真诚去做，如果它们对他人真正有意义（这是意义重大的两个如果），就能快速启动你的人际网络。为了你需要帮助的那一天，你正在与他人建立友好关系。

这是真正的人际关系网络——这是基于你能给他人带来什么。你可以称之为因果循环，先付出又何妨，或者是一个出色工作的奖励——我称之为人际网络的果实。当你需要他们帮助的时候，那些你过去曾经帮助过的人会很乐意走上前来。

当然了，并不是一直这么简单。人际交往可以是一个心理平衡的行动。光辉国际的一位副总裁曾经告诉我，他过去习惯联系刚刚失业的同事。可以确定的一点是，这个举动是好意——在几次关怀备至的午餐后——他知道当他们找到一份新工作时，他可以主动联系他们。实际上，这种"宽宏大量"的举动得以让他敲开了两家财富500强公司的大门。"我应该感到内疚吗？"他大声地问。

也许，还有其他的例子，摆出"真诚"的姿态，不管是不是下意识的，或是出于不可告人的动机。老板和经理惧怕辞退员工，但是好的老板和经理会努力为那些员工找其他的工作。一些老板可能会想，几年之后，那个被解雇的人可能会经营一家公司。这是我们必须承认的严酷的事实：你指出了一扇门给某人，他可能就是某天能够让你进门的那个人。

人际交往就是建立关系——而关系不是单方面的。

建设人际关系网络需要做的10件事
（你应该已经在做了）

1

你能帮助谁？

你知道其他正在找工作的人吗？如果知道，那么就伸出你的援助之手，从和他/她一起头脑风暴想办法，到推荐给你知道的什么人

2

在你的人际关系网络中，彼此间谁有类似的兴趣——无论是在工作上还是在个人上——并且可以互惠互利？

如果你们都是本地人士，那么就一起喝个咖啡。或者建议你通过电子邮件方式联系他们（在双方都允许的前提下）

3

你能帮助谁的孩子？

也许你听说过你认得的某人的儿子或者女儿正在想申请你的母校，或者正在寻找机会进入与你相似的领域

4

谁写了一个博客，你可以在你的社交媒体网络上分享？

或者你能够跟帖并留下有意义的评论吗？（与那些高出你几个层级的人建立人际网络时，这一点特别有帮助）

5

如果你写博客，你可以采访谁能得到他们对某个话题的看法？

如果你的博客被广泛关注，这可以帮助你作为主题专家建立你的联系人

6

你能给别人提供什么技能？

你擅长社交媒体吗？你能帮助他人建立一个简单的网站吗？你能成为一个正在开展的新业务或新项目的决策咨询人吗

7

你应该向谁表达祝贺？

想想一些人，他们有突出的成就，或者发生了人生中的一件大事——找到了新工作、订婚或者结婚、购买了新房子

8

你能给你的人际网络上的人推荐一家新餐馆、一家画廊，甚至一本好书吗？

不要让你的推荐看起来很随意。让别人知道你为什么想念他/她

9

你能邀请谁参加一场专业或者文化活动？

这是与以前的同事或你很久没见过的人重新建立联系的好方法

10

你认识一个参与慈善或社区活动并需要志愿者的人吗？

奉献自己，哪怕只是几个小时，都是培养人际关系网和在不同环境下结识新朋友的绝佳方式

第五章

人际交往是一种建立联系的运动

证明的重要性

一位哈佛毕业生，一位西点毕业生，一位海豹突击队员，一位职业田径运动员。如果你可以用上述头衔中的任何一个来描述，那么恭喜你了。用唐·科里昂（《教父》主人公之一——译者注）的话来说，就是你已经被"造出来"了。

但这些即时证明只区分出来很小一部分人。想一想哈佛大学有37.1万名在世校友，对比1.6亿的美国劳动力市场。这个比例小于0.25%。

对我们大多数人来讲，证明必须是来自于他人的资源渠道。当你建立并培养自己的人际网络时，你还要与那些能够证明你的人保持关系。通常，这些联系人是前任老板、现在的或前任的同事。这些是通过工作或者交往了解你的人。当他们作为团队成员或者团队领导者证明你的技能、成就和贡献时，他们的说辞更有分量。

此外，当你构建你的人际网络时，你也在营造你的声誉——你的专长、你的行为举止（你的风度和仪表，你与他人互动的方式）以及你的个性。当你需要某个人为你担保，为你打开下一份工作的大门时，所有这些因素就会结合起来。理想情况下，是这样发挥作用的：

一份没有空缺的工作

最好的可能结果之一，就是找到一份以前不存在的工作。公司总是在市场上寻找各个层次的人才。即使没有空缺职位，或者公司不进行招聘，合适的人才通常也能够找到工作。

在这里，为你所有的努力工作，瞄准合适的机会并与他人建立联系。打开大门。要做到这一点，最好的方法是对公司内部的人进行"友好的介绍"。无论是正式会议或者是非正式的聚会，你让人们感觉到你的"可爱"，以及你切身的经验、胜任力和技能。

至此，所有的一切就结合起来了：你是谁，你带了什么，你的动机，以及你想去哪里。只要你自己愿意投入时间和精力让事情发生，那么就会有太多的可能性值得去探索。

公司里有一个你真正想要的空缺职位，这个职位非常适合你。你的特质和胜任力也让你成为这个职位的有力的候选人。你的经验为你绘制了一幅职业发展的蓝图，使这份工作顺理成章地成为你职业进程中的下一环节。不同于只是将简历扔到求职流中，你还要搜索你的人际网络中的联系人为你做担保。

也许是你直接认识的某人，或者你运用你的人际网络去找到"认识某人的某人"。如果是间接方式，你可能会与联系人有一个面谈。除非那人认识你，否则他或她不会为你做担保。但是，当你找到某人，他们可以向人力资源部门或者用人部门经理"为你说好话"时，那么你就会遥遥领先于其他求职者。

你仍然需要填写在线表格并提交你的简历，这样你的信息才能进入招聘系统，但这并不能让你得到面试的机会。如果你能够得到面试机会，是因为你的联系人愿意用自己的声誉为你做担保。

建立证明人网络

所有求过职的人都知道，提供证明人是求职过程的一个环节。我们后面的章节中会探讨这部分，当来到背景调查环节时，无论是否列明，公司经常会作深入的尽职调查（尤其是针对高级职位）。在有希望的雇主要求你提供证明人之前的很长一段时间，你就应该知道你的证明人是谁。（你可能会惊讶地发现，提前整理名单的人很少。）不要仅仅因为有些人会为你"好话"，就选择他们做证明人。选择那些能对你、你如何工作、你如何与他人互动和领导他人，发表实质性评论的人。

选择那些对你有实质性评论的人。

为了识别出这些人，你需要先通过有意义的关系与他们建立联系。（再次重申，如果你一直都在积极地建立人际关系网络，那么这就会容易得多。）例如，假设你一直与你的前任老板或者主管保持联系，让他或者她知道你在致力于一些职业上的拓展。基于你的经验和技能，你的前老板会认为你下一步应该做些什么？

这种类型的人际关系网络是一种有价值的自我评估，它可以帮助你识别出哪些人能够对你的优点和缺点进行有意义的评论。

进行你自己的360度评估

公司经常使用360度评估来收集各个层级的反馈：老板、同事和直接下属。在你的人际关系网络中，你可以仿照360度方法来获得深刻见解。

1. 询问你的前任老板或者主管，他们对于你的优点和缺点的反馈是什么样的。"如果我还在为你工作，那么现在你会把我安排到什么位置上？"

2. 联系一位以前的同事，请他/她反馈你是如何与他人交往的。"如果你组建一个团队，你会安排我担任什么角色或者职位？"

3. 一位以前的直接下属可以让你了解团队对你的看法。"人们觉得我在支持他们吗？如果是，是如何做到的？"

寻找成功者

证明不只是对你有好处，从公司角度来说也是很有价值的。就像你希望你的目标公司中的某人为你做担保一样，雇主也很乐意得到内部人士的推荐。当有人为你说话时，用人经理就会对你的能力和你对文化的适应性更有信心。

如同我们之前提到的，招聘和雇用员工花费的成本非常高——替换一位高管最高可达到一百万美元，而一个糟糕的招聘成本甚至更高。为了降低雇佣风险，公司会尽可能多地了解求职者。例如：你是否有真实可靠的业绩追溯记录——那些你为你所服务的组织所完成的可量化的业绩。公司想对你更有信心，你是否就是你说的那样，你的职业轨迹是否是真实的。（这就是为什么对公司来说，背景调查肯定不能敷衍了事，我们将在以后的章节中具体讨论。）他们在寻找证据，证明你确实是在一条向上的职业道路上——管理更多的员工，创造更多的业务，承担更大的职责。这些迹象表明，这些人拥有非凡的成就，有可被证实的成功记录。同样重要的是，企业也在寻找文化契合度。

从求职到入职

做好长期准备

我曾经在一本著名的商业期刊上读到一篇专栏文章,其中介绍了一份为期12周的找工作计划。(那项12周计划包括有3周的时间让你成为面试冠军。"鼓掌!")我唯一的保证就是找工作的时间几乎总是比你想象的要长,也比你想象的要痛苦。你会发送更多的电子邮件,打更多的电话,留下更多的信息,等待的时间比你想象的要长。我们的招聘顾问能够给出的最好的建议是,让自己为这个等待做好身体上和精神上的准备。

但是这到底意味着什么呢?身体上的准备意味着蒸发水分,这意味着要锻炼身体。我必须警告你,即使是一些非常好动的人,在他们失业时,锻炼都会减少,因为求职削弱了他们的能量和士气。那些继续锻炼的人才会有优势,因为锻炼能够使他们的头脑保持清醒,缓解沮丧情绪,产生内啡肽,使他

不要过早签退

当今求职市场上的现实情况之一是频繁跳槽。人们在32岁之前平均换4次工作。这意味着有很多被丢弃的公司。这也意味着很多人有可能陷入职业生涯中最大的陷阱之一:糟糕的离职。

我们都会对这样的场景感到熟悉:你的同事上班越来越晚,将任务留给其他人去完成。同时,他一再错过最后期限让老板失望。事实上,他在一周前已经接受了新工作,并错误地认为,他当前工作的最后几天发生的事情并不重要。但是人们的声誉会随之而改变,糟糕的离职可能会毁掉未来几年职业发展的背景调查。值得注意的是,事实上太多的人认为他们的同事或者上司总会在某一天忘记他们的行为,或者他们永远不会需要来自于这些人的背景调查。相信我,职场总是比你想象的要小。

第五章

人际交往是一种建立联系的运动

们保持积极的精神状态。如果你无法锻炼，也可以选择呼吸练习或者冥想，或者散步或者钓鱼。任何锻炼都会带来帮助。

　　心理上的准备就更棘手一点。根据我们的调查，超过1/5的失业者受抑郁症之苦，27%的人表示忧郁。这些鲜明的数字表明，拥有意志力来保持积极的心态是多么的重要。不要让消极的想法出现在你的脑海里。事实是，人们会想要帮助的是胜利者。一旦你失败了，人们会不那么热情地去推荐你，因为他们会质疑你的信心。一次没有效果的推荐会对他们产生不好的影响。（我们都曾经遇到过这种情况。）一旦被灼伤，人们会避免再犯同样的错误。

　　有时，你需要有人倾听你发泄。把你的挫折感转移到其他地方，远离那些能给你推荐工作的人。当我们还在情绪中时，也不建议你向你的配偶或者伴侣倾诉发泄。工作的转换，也会给家庭关系带来压力。抱怨自己永远找不到另一份工作，会增加你的压力，并且这种抱怨对家庭也没有什么帮助。

　　相反，找其他能支持你的人。当你需要鼓励的时候或者当你失意的时候，听听他们的意见。这可能意味着你需要一位职业教练，他可以在整个过程中为你提供建议。你也可以寻找同样的求职伙伴（但不是你公司的），其他与你同样处境的人。你们可以分享经历和经验，相互鼓励。

人际网络不应止于新工作

对于人际关系网络，我最后的忠告是，记住这是一个不间断的过程。它并不以你找到新工作而终止。你必须持续经营你的人际关系网络——帮助他人，通过社交媒体接触他人，做我们着重提到的"十件事"。因为这有一个秘密没人会说：一旦你找到新工作，你就得考虑下一份工作了。这将使你的职业轨迹走上正轨。

第六章

简历：你讲述的故事

客观地看待简历	99
"名片"	101
第一步：营销自己	102
构建简历	104
职业概述	108
请不要设目标！	109
职业经历和成就	109
从军人到平民生涯	112
创意简历	113
教育背景	113
如何打磨你的简历	114
简历的最后注释	115
文档的新鲜度	115

从求职到入职

我看过所有类型的简历：长的、短的、有趣的和无聊的。其中，有你能想象得到的各种背景：有航天员、首相、海豹突击队员；涵盖了所有的爱好：世界级的寿司厨师、掷斧头冠军、冰雕师。我曾收到过弹幕式的艺术简历和视频简历，其中一份还附上了一封唱着歌曲的电报。

不过，在这些令人难忘的简历中，有一份列出了18个月"社区服务任务"的简历，其中包括"高速公路之友"项目。后来，经过证实，这个任务实际上是18个月的监狱生涯。（求职者最终也没得到工作。）然后，有一个人以难以置信的诚实态度，在她的简历中列明"已定罪的重刑犯"。她杀害了她的虐待狂配偶后被判过失杀人罪。我永远不会忘记这个故事：她致电给用人部门经理问道："你会雇用一位有犯罪前科的人吗？"在询问了很多问题和做了尽职调查后，这家雇主聘用了她。据我所知，她现在是一位很棒的员工。

第六章

简历：你讲述的故事

客观地看待简历

在我职业生涯的早期，一位熟人把我推荐给我想要去的那家公司的用人部门经理。当那位经理让我把简历发给他时，我花了大量的时间撰写和修改，我想要我的简历完美无瑕。当到了面对面的面试阶段，用人部门经理以通常的破冰方式开始了面谈："那么，介绍下你自己吧。"我立即开始背诵当时我工作过的职位和每个工作的职责。那位经理打断了我。"我已经从你的简历上知道了这些，"他说，"介绍下你自己。告诉我一个故事，让我能够真正地认识你是什么样的人。"

这段经历确实给我的职业带来了变化——我得到了这份工作，而这一切都是因为我抓住了两项重要的事情。首先，正如现在你从我们的主要前提中知道的，只有简历并不能敲开新工作的大门。构建人际关系以获得给公司的"友情介绍"仍然是最重要的求职活动。其次，最重要的是能够讲述一个很棒的故事，来传达出你是什么样

不可明说的真相

首先，人们只会花几秒钟扫一眼你的简历，然后在你面试之前花两到5分钟重温一下。你必须使那些迅速的一瞥起作用。

的人。你的简历就是这个故事的简介。

在过去几年，对比领英个人文档和其他积极专业的社交媒体形象（我们将在接下来的章节中讨论），简历的分量大大减轻了。这让你的简历成为"老黄历"。招聘顾问和用人经理只会花几秒钟扫一眼简历。一旦你成功了，他们看你的简历时间会长一点，但是通常不超过5分钟。

尽管网络形象很重要，你仍然需要一份简历，当你申请工作或者联络招聘顾问时，需要提交一份简历。（招聘顾问也会在网络上查看你的文档。这是他们要做的首要事情之一。）

如果你问5个人如何写一份很棒的简历，那么你会得到15个不同的答复。关于如何写简历，你会找到无数的书籍和指南。（在亚马逊网站上，如果搜索简历、求职信和其他类似的资源，会显示出20页的书名清单。）

你的简历不是一个独立的文件，而是你的品牌的一部分，这个品牌是你必须**定义和展示出来**的——主要是在网络上展现。

基于我们的"扔掉简历，着陆职场"的前提，我们不打算讨论新罗马字体（Times New Roman）对比无衬线字体（Calibri）的优点。

出于记录上的考虑，整本书最困难、最令人沮丧、最耗费时间的部分是将简历样本放在一起。这些简历让几个人花费了数星期的努力来编撰。对我们来说具有讽刺意味的是，所有的这些忙碌是为了一本名为《从求职到入职：光辉国际CEO手把手教你》的书。有时候，我们真想把这些建议当真，然后遵循这本书的书面意思扔掉这些简历样本！这些练习更加证明了一点，就是撰写或者修改简历会让你想把头发扯下来。难怪人们会失去专注力，只是把一些事情拼凑在一起（打字稿等），然后把它们发送出去。我们感受到了你的痛苦，但是会有更好的方法。

这里的目的是谈论你的简历——它能为你做什么，以及你如何利用它来讲述你的故事。

> 整本书最困难、最令人沮丧、最耗费时间的部分是将这些样本简历放在一起——这证明了一点，就是撰写简历会让你想把头发扯下来。

"名片"

不要误解不强调简历就是允许你拼凑一份文件,相信没有人会看这样的文件,也不会太在意它。甚至是一个打印错误或者语法错误都可能把你淘汰出局。

要想通过人力资源筛选简历这一关,你需要一份有说服力的简历,总结你的经验,展现出符合你申请的职位的任职条件,并能很好地说明你曾经获得的可量化的业绩。读者只看一眼就能被吸引的东西太多了,所以你必须简明扼要,这需要达成至关重要的平衡度。

你的简历也可以视为现场面试的谈话指南。光辉国际针对高管的调查中,接近2/3(65%)的人提及,一旦简历经过筛选并确定了潜在求职者,他们就会查看所有这些求职者的简历,然后决定要见哪些人。这个过程突出了简历的唯一目的:帮助你获得一次面试机会,说出你现场面试时想要讲述的故事。

所有的经理或者招聘顾问们并不是按照同一方式来看简历的。一些人会关注关键词,包括那些用扫描软件标志的词。其他人会寻找具体的经历和成就。我会以一种非典型的方式看简历:不断寻找更大的职位名称和更多的工作职责。我也关注公司名字,看看从一家公司到另外一家公司的职责上的发展。这通常只需要快速浏览一下,但是我知道我在找什么。

从求职到入职

第一步：营销自己

把简历想象成为你自己的市场营销策划书。根据你展现出来的东西，你要告诉招聘顾问和用人部门经理，如果他们聘用你为他们的组织或者团队工作，他们将会得到什么。你不需要解释为什么你的能力已经超过了目前职位的要求，以及为什么现在需要换工作。相反，你要让他们对你能为公司做出的贡献产生兴趣。

尽管有大量关于撰写简历的信息可供参考，让人们感到惊讶的是很少有人能够写好简历。甚至那些高管们，他们拥有令人印象深刻的职业生涯，有时也无法把简历写得让他们脱颖而出。一家大公司（你曾经听说过的一家公司）的CEO联系我请我帮忙：看看并评论一下他的简历。收到这份文档时，我简直难以置信——它仅仅是一个又一个的职位说明书。

这位CEO显然没有意识到，简历不仅仅是列出每一份工作及其需要完成的任务。在这份文件中，他没有对他的领导才能和成就进行任何描述，而这些恰恰成就了他20多年的领导生涯。在字里行间，这些描述没有让他本人鲜活起来，也没有任何迹象表明他理解自己的"KF4Ds"——特质、驱动因素、胜任力和经验。他只是展现出他做过些什么，一个又一个的工作而已。

简历需要能够代表你的"ACT"：首先，要真实地展示你的成就；其次，将能够激励你的事物和你将给组织带来的使命感这两者建立起联系，通过语言来实现这种联系；第三，通过让人们体验和你一起工作的感觉，你会亲自确认并放大这种感觉。

这就是为什么我们一直等到现在，在本书的中间部分，才开始讨论简历。只有在你做完所有的辛苦工作，了解了你自己和你的KF4Ds之后，你才能够撰写一份简历，传达出一个令人信服的故事。此时此刻，你才真正了解了你最适合什么样的文化，你也知道了你想为什么样的老板工作。你会欣喜于那些到目前为止你所学到的东西，以及你需要学习什么能够让你的职业轨迹持续发展。你已经——我们希望如此——对自己有了全面的了解，使得你的简历可以讲出一个真实的故事。

> **目的和手段**
>
> 职位越高的人，对每一份工作的描述就会越简洁，对完成的目标的关注程度也就越高。
>
> 职位越低的人，越关注达成目的的手段。

简历的五大真理

很显然,想出简单的简历撰写真理不需要什么天赋,但是这些真理值得我们铭记在心:

1
不要说谎

2
不要夸张

3
注意时间间隔

4
让它吸引眼球

包括空白区域。注意黑体字和普通字体的平衡,用黑体字标注姓名、职位名称和公司名称,普通字体描述具体内容。成就部分使用要点符,还有行动动词。

5
展示你的"个人品牌"

不要认为你的简历是独立的文件。它是一份总结、一份提纲。更重要的是,它是你为人所知的个人品牌。你的品牌必定会被不断地定义,并且与你讲述的故事相结合。

从求职到入职

构建简历

当我们为这一章准备简历模板时（作为本书的附件，包括针对入门层级、专业层级和C-系列高管的模板），我们求助于光辉国际的专家。但是即便是我们的专家——他们比世界上任何人看到过、评判过和给出建议的简历数量都要多，而这些简历来自于各个层级的人，也没有一套适用于所有人的最佳简历模板。这进一步证实了我们之前谈到过的论点，询问5个人会得到15种答复。它也引发了一个更大更重要的论点：不存在一个简历的魔法公式，使求职者自动得到一份工作录用通知。

《从求职到入职：光辉国际CEO手把手教你》的五项简历规则

1. 没有任何一个简历格式、印刷样式、页面布局和关键词可以自发地让你的下一个面试官说："哦，我们必须聘用这个人。"它只是名片而已，伙伴们。考虑到这样一个事实，就是一些公司甚至求助于计算程序，而不是简历，来决定谁最适合一个职位。一位全球化的公司涉足了这个领域，他们结合了在线申请，一系列简单伪装成游戏的技能测评活动，以及用视频记录对问题的反应。只有当求职者启动程序之后，技术驱动程序才会允许人类参与进来。在这个华丽的新世界里，你的简历起到的作用会越来越小。但是现在，你必须有一份简历。

2. 一份B+简历（就格式和吸引力而言）包含了A+的经验（例如，包括顶尖的咨询公司或者财富一百强公司的经验）反而会赢过某人的一份漂亮的撰写成A+的格式但是只包含着B+经验的简历。内容和相关性最为重要！

3. 不要让一份创意十足的简历格式分散人力资源部门和用人经理的注意力。在95%的职业中，噱头不会让你到达你想要去的地方——唯一的例外是如果你从事的是艺

第六章

简历：你讲述的故事

术类职业。如果你想成为艺术总监、舞台经理或者图文设计师，你可以任由你的自由思潮主导一切。但即便如此，内容依然很重要。

4. 不要请你的伴侣/配偶、父母、最好的朋友，或者任何爱你的人来评判你的简历。（光辉国际职业提升系统提供简历检查和教练辅导服务。）与你关系最紧密的人会说，"我们相信你！"不可能直截了当地告知你，你的简历令人费解或者缺乏真实性。你可以聘请一位教练或者请一位导师（比如你关系网中一位前任老板），或者校友/你母校职业服务办公室中的某人。评判简历的人需要有犀利的眼光，并且愿意给你严厉的爱，而不只是打气鼓励。

5. 永远不要把你自己描述为"富有创新精神的""充满活力的""有团队精神的""积极主动的"或者"善于沟通的"。这些词语已经被用滥了，以至于毫无意义。

有了这样的理解，让我们看看一份简历样本（详见第106页）。我们选择一专业层级的人，在这个层级技术技能依然是很重要的。

> 你的简历应该简明扼要地说明一个重要的令人信服的信息：我在那里时，就是这样为雇主把事情做得更好的。

对于总监或者经理级别（或者同等层级）的人来说，简历在技术技能方面可能会比位于C-级别的人更长和更具体，而对于C-级别的人来说，最重要的是职位名称、公司和职业成就。当然，专业层级的简历比入门层级的包含了更多的技术技能的内容。

我们假设了一个例子（个人、经验和公司都是虚构的），是关于乔纳森的。他是一位财务从业人士，目前任职于一家医疗公司的财务总监。（在简历样本中，苏珊是一位CEO，格蕾丝仅工作了几年，其他人员的信息详见附件。）

首先，接下来的一页是乔纳森完整的简历样本。（标注为"×"的数字和百分比只是用来显示样式和格式。）

乔纳森

得克萨斯州达拉斯市世纪公园南4444号，444楼，75001
手机：（214）000-0000
jsample@sample.com

职业概述

高级财务管理人员，在建设和带领团队方面具有广泛的经验。
专长领域包括：

- 战略计划
- 商务流程重组
- 预算和成本管理
- SEC报告和管理
- 合并收购整合
- 财务计划和分析

职业经历

汤顿公司，得克萨斯   **2010年至今**

纳斯达克：FAUN。全球汽车配件制造商，销售额达×十亿美元，拥有××，×××名员工。2017年被科密克收购。

事业部财务总监——商用产品部（2014年至今）
财务总监（×××百万美元的销售额），向总裁汇报，向首席财务官汇报。

主要业绩
- 监督数据分析团队确认××亿美元的收入漏损率。
- 领导拉丁美洲的重组项目，节约了××百万美元的成本。
- 推动全公司范围内CRM流程的实施。

总监，计划和分析（2010—2014年）
创建了××人员规模的财务计划和分析团队。

主要业绩
- 建立了全公司范围的战略计划流程，包括年度运营计划和季度KPI。
- 评估战略合作伙伴，包括完成2项收购案件。

桑德和梅尔布兰德， 纽约　　　　　　　　　　　　　　　　　　　　2003—2010年
卓越的专业服务公司（全球××，×××名员工）

高级经理，专业服务实施（2009—2010年）
在有关SEC备案事宜和复合会计问题方面，为客户提供建议。

主要业绩
作为财务专家，在价值××10亿美元的XYZ-ABC合并案中提供建议和尽职调查。

高级审计经理（2007—2009年）
管理审计专业团队，提供保障、咨询和合并收购服务。

审计经理（2005—2007年）
在全球发展项目中领导国际化团队，这是一项为期两年的高潜力领导者跨国任务，工作地点在布鲁塞尔。

高级审计员（2003—2005年）
带领团队执行财务报表审计，做IPO准备和常规备案。

教育背景

奥斯汀得克萨斯大学
商业管理和会计专业，学士，2003年

证书

CPA，得克萨斯州（有效许可证）
美国注册会计师协会成员

从求职到入职

现在,让我们逐一检查简历的组成部分

职业概述

对于像乔纳森这样的人来说,他们拥有大量的胜任力和直接与成就相关的技术技能,"职业概述"是一个极好的方式来快速简明地传递信息。对于招聘经理来说,他们只会在即将面试之前(或者面试之中)瞥一眼乔纳森的简历,所以,职业概述将着重强调有意义的技能和胜任力。

如乔纳森的职业概述中所列明的(示例A),某些词汇和短语——战略计划、成本管理、财务计划和分析,应当被视为直接与公司寻找的技能相关的关键词(如职位描述中所提到的)。无论是通过人还是机器扫描,这些关键词都会让公司注意到求职者。

职业概述

高级财务管理人员,在建设和带领团队方面具有广泛的经验。专长领域包括:

- · 战略计划
- · 商务流程重组
- · 预算和成本管理
- · SEC报告和管理
- · 合并收购整合
- · 财务计划和分析

谁需要一个概述?

具有几年工作经验的中层专业人士,具备有价值的技术技能,和拥有能为他们下一任雇主做出贡献的直接相关的专长。

谁不需要概述?入门层级的员工,包括刚刚毕业的大学生和那些只有少数几年工作经验的人。在大部分情况下,职业概述需要描述和夸大他们知道了什么和曾经做了些什么,重要的是显示出到目前为止获得的经验——即便只是做过一两份工作。

C-层级高管不需要概述,因为对他们来说,他们都已经具备了技术技能,这是前提,而这些技术技能只是他们现在职位和寻找下一个职位时摊在桌面上的"筹码"而已。C-层级高管需要展示他们职业生涯的三个重要方面:他们领导的公司的规模,他们领导的团队的大小和不断增加的职责的模式。

第六章

简历：你讲述的故事

请不要设目标！

在乔纳森的简历中（或者附录里其他的简历中），你没有看到一个"目标"。然而很多人认为他们的简历需要一个目标，问题是目标不是"太热门就是太冷僻"，从不会"恰好合适"。它们可能太广泛或者太具体。他们可能会把关注的焦点从你能带来的价值上转移开，或者让你看起来像个墨守成规的人。说你正在寻找一个"有挑战性的团队领导职位"可能是真的，但这并不能说明你能为未来的雇主做什么。

对于专业级别的人才来说，（如前提到的）概述就足够了。对于那些只有几年工作经验的求职者来说，使用"标题"的方式会迅速产生影响。标题出现在你的姓名、地址、联络方式下面（永远不要使用你的工作电子邮箱）。下面是一些标题示例：

- 获奖的平面设计师
- 拥有举办过网络和社交媒体活动的市场营销人员
- 快速增长的财富一千强公司的公关经理
- 具有纳米技术专业知识的生物力学工程师

职业经历和成就

"职业经历"部分占据了一份简历的绝大部分。它是按照时间排序（从最近的一份工作开始往后排）列出你曾经做过的每一份工作。不要有空窗期，如果你在25年里有15份工作，那么就全部罗列出来。当然，最详细的部分应该是你现在的工作。事实上，你现在的工作应该占据你职业经验细节的75%。这里唯一的例外是，如果你之前的工作有一些意义重大或与众不同的经验，而你想将它们展现出来。如果确实是这样，你也应当突出第二份工作。

在乔纳森简历的摘录中（示例B，第106页），我们只看到他最近的一份工作——汤顿公司事业部财务总监。因为这家公司并不是一个家喻户晓的公司，乔纳森对这家公司做了一个简短的描述，包括了一些值得注意的细节——公司的业务、规模(销售额和员工人数)，以及何时被一家更大的公司收购。

从求职到入职

职业经历

B **汤顿公司，得克萨斯**   2010年至今

纳斯达克：FAUN。全球汽车配件制造商，销售额达××亿美元，拥有×××××名员工。2017年被科密克收购。

C **事业部财务总监——商用产品部（2014年至今）**

财务总监（×亿美元的销售额），向总裁汇报，向首席财务官汇报。

主要业绩

此外，乔纳森还简要介绍了他目前的职责和为公司发展所做的贡献（示例C）。如果招聘人员和用人经理不看其他任何的东西，他们也能了解到乔纳森的技能、胜任力以及为下一个组织做出贡献的能力。

乔纳森对汤顿公司现任职位的描述（示例D，第111页）很简短，只是基本的职责和汇报关系。他用了更多的篇幅来描述"主要业绩"。这些详细内容展示了他的胜任力和他能为下一任雇主做出贡献的能力。此外，每个要点涵盖了足够的信息，足以让招聘人员或用人经理提出有意义的问题。

获得主要成就的一个方法是思考出你想要告诉面试官的三个故事。这些故事能够快速地捕获到和传递出你的技术技能和领导能力。换而言之，你应当以一种让人们记住你的方式，来讲述你擅长什么。你的简历应帮助你去讲述这些故事。每个故事应该有三部分：环境或者挑战、采取的行动以及结果。

要有具体的数字、百分比和其他量化的详细内容。如果你的营销计划使得销售增长了34%，或者如果你带领团队使得运营效率提升了57%，那么就说出来！不要担心细

> 当你起草主要成就时，问一下你自己："我以什么而为人所知？我应该强调的最重要的成就是什么？"

第六章

简历：你讲述的故事

事业部财务总监——商用产品部　　　　　　　　　　（2014年至今）
财务总监（×亿美元的销售额），向总裁汇报，向首席财务官汇报。

主要业绩
- 监督数据分析团队确认××亿美元的收入漏损率。
- 领导拉丁美洲的重组项目，节约了×千万美元的成本。
- 推动全公司范围内CRM流程的实施。

总监，计划和分析（2010—2014年）
创建了××人员规模的财务计划和分析团队。

主要业绩
- 建立了全公司范围的战略计划流程，包括年度运营计划和季度KPI。
- 评估战略合作伙伴，包括完成两项收购案件。

> 你不是超级英雄——**你不可能自己完成所有的事**。不要害怕表扬你领导的团队或者部分参与的团队。

节，对你感兴趣的招聘专员或者用人经理会在面试过程中询问这些问题。

把重点放在你的故事上，会帮助你构架你的简历，并使之发挥出最大的影响力，以及阻止你陷入不必要的细节。

记住，你不可能自己完成所有的事，你是团队的一部分，无论是作为领导者还是团队成员。说"我们"或者"我们团队"不会冲淡你的成就；反而，这样会强化你的影响力。阅读到你的简历的招聘专员和用人经理会意识到你是一位真正的团队合作者。这样做的效果要远胜于单纯地说"我是团队合作者"。

从求职到入职

从军人到平民生涯

退伍军人是光辉国际遇到的高素质人才群体之一，他们当中的很多人拥有令人印象深刻的职业生涯，以独特的领导才能和非凡的勇气著称。然而，挑战在于，军事经验通常是用一些独特的词汇来描述的，包括头衔、责任和职位。如果面试官缺乏军事背景，就可能无法全面理解或者欣赏退伍军人角色的职责范围和成就。那么，如果你是一名退伍军人，你将如何用吸引平民雇主的术语，充分地表达你的军事经验呢？有一个实际的解决办法：制作两份简历。

遵循本章中的模板，制作一份简历，主要使用军事术语来描述经历和贡献。使用少量的平民语言来阐述任务和成就，但是要注重结果，以展现出你的技术和领导能力。然后，写第二份简历，使用同样的格式，但有更多的平民语言对军事语言的翻译，使得军事任务大部分用平民语言来描述。例如，不要用"指挥官"这个头衔，要把自己称作"领导者"。

哪个版本的简历更适合你要找的工作呢？询问关系网中的联系人，你在领英上的联系人，和你所在的职业/军事机构的人，找出在你目标公司工作的人。如果那个人恰好也是退伍军人，那么他或她可能会更愿意给你提供建议，告诉你在合适的背景下如何最好地展示你的军事经验。

没有翻译的必要

如果一位退伍军人获得过英勇勋章，例如杰出服务奖的青铜星勋章，应当被列在简历最上方的"概述"部分。这是对个人性格、目的感和为使命献身的精神的有力证明。这不需要翻译。

第六章

简历：你讲述的故事

▌创意简历

当人们追求的职位要求有创造性的技能时，人们可以让简历有创意。（网站设计师和平面艺术家就是类似的两个例子。）不要把这与工作组合或视频集混淆起来，它们将在网上展示，并通过链接发送给潜在雇主。我们谈论的是设计和呈现出来的简历，它看起来就像从电影海报到情人节的所有东西。

曾经与光辉国际合作过的一位创意总监分享了一位艺术家的故事，这位艺术家以一件艺术品来呈现她的简历。简历被折叠成一只折纸天鹅，以一个装饰精美的盒子为"巢"。这个呈现是非常美丽的，以至于打开简历，毁掉这只天鹅简直是一种亵渎。这种折纸演示充分说明了这位艺术家的创意精神，她被聘用了。

使用平面设计、印刷样式甚至独特的幽默方式来完成一份创意简历，会将它（和你）置于其他简历之上。但是甚至是最引人入胜和最有创意的简历仍然需要简明扼要，专注于成就、较强的可读性。不要让设计遮盖了内容，以至于人们很难评价你是什么样的人，你曾经做过些什么。问问你自己，我在以最好的方式展示我自己——我的品牌、我的专业程度和我的成就吗？

我的建议是求助于你的人际关系网，询问在这个领域中的其他人，他们是如何给你的目标公司或类似的公司设计和演示简历的。此外，你能够通过网络找到大量的创意简历例子。在谷歌上搜索"能被聘用的创意简历"，最重要的是，你的创意简历传达出的信息会让你与未来的雇主产生共鸣。

▌教育背景

你毕业的时间越久，你接受的教育就会越早。如果你是一位曾经服务过好几家跨国公司的高级副总裁，你接受过常春藤学校教育的事实只是附加条件，它不是公司聘用你的唯一理由。

对于刚毕业的大学生来说，情况恰好相反。你的教育背景、实习经历和意义重大的教育实践就是你需要展示出来的强项。你的简历可能起始于大学教育阶段，并在顶端列出实习经历和其他值得注意的经历。你的工作经验（如暑期工作）就技能方面而言并不十分重要，但你还是需要列出，因为这些表明你曾经工作过。

从求职到入职

如何打磨你的简历

对于撰写简历，人们往往比做其他事情更会拖延。他们对此感到畏惧。他们的态度会变得冷淡。每次他们拿起笔或者坐在键盘旁时，他们就会感觉到有写作障碍。以下是我的一些建议，帮助你完成你的简历：

使用"电视采访"方法

在电视访谈节目中，一个人通常不会有超过20～40秒来组织一个观点。全球都是这样的。你的简历应该简明扼要地抓住最突出的信息。

做一些"有时间限制"的头脑风暴

停止过度思考！给自己一系列的限制时间的练习，这些练习会帮助你快速捕捉到最重要的资料。针对下面的每一行提示，设定两分钟的时间限制，各写下五项内容。

说说你自己。
描述一下你曾经做过的事情。
说说这样的一段经历，你克服了一个挑战，超出预期，达成了目标，等等。
描述五项你认为最大的成就。
确认两项你最大的失败。

给自己拍摄视频

当你完成了上述每一行的提示后，用30分钟的时间阅读、考虑和修正。然后用视频记录你自己的每项回答。你的目标是对于每项提示生成60秒的简明扼要的答案。不断修正和记录，直到你满意为止。

将"脚本"应用到简历中

使用这份脚本大纲，开始撰写你的简历。

第六章

简历：你讲述的故事

简历的最后注释

专业团体和获奖情况

列出你参加的协会会员身份，你在这些组织中担任的相关职位，和你曾经获得的所有荣誉和奖项。

个人信息

人们会对是否列明个人信息有争议，有些人会说你应该忽略这一部分。我的建议是战略性地考虑它。只是列出爱好（"我喜欢阅读和园艺"）并不会让你脱颖而出，但是可以列上类似于说明你的特质的活动：你参加了一场竞技性体育活动；你曾经完成了多项铁人三项全能；你在西非的和平队伍中服过役；你是一位多才多艺的大提琴手。如果这些信息展现出你与众不同的方面，或者展现出你能够给你的下一任雇主带来什么，那么就列出来。国际活动（你在南美洲的农场合作项目做过志愿者）能够有助于说明你具有国际视野。

推荐人

我们假设你已经有了推荐人所以不需要列出他们，或者说他们"随时可以垂询"。

求职信

一定要写一份——即便你是网络申请时，它会被列为"可选项"。求职信是强调你是谁，为什么你对某个职位感兴趣，为什么你应该被考虑的重要表达途径。求职信也体现出你个性化的沟通方式，让你有机会来表达你对于发布的这个机会是多么的热衷。只需几句话，你就能将你的背景和经验诠释为你多么地胜任这份工作。

文档的新鲜度

简历不应该在你找到一份新工作的时候就被束之高阁，然后在你重新开始找工作的时候才被拿出来掸去灰尘。在一个持续的基础上回顾和修改你的简历——也许一年一次，无论你是否"待价而沽"，都应当保持这份文件的新鲜度和相关性。在你取得成就的那一刻记录下来，远比试图在五年后回忆起每一件事要容易得多。

但是真正保有新鲜度的文档是你在网络上呈现的那份，通常是将你的简历改变成领英个人文档，或者其他社交媒体的演示文件。正如我们将在下一章讨论的，管理你的社交媒体演示文件是一项持续进行的活动，它会让你保持相关度和营销价值。

第七章

管理网络形象

亮出红旗（危险信号）	120
领英：必须有的个人资料	121
照片	122
你的介绍性头衔	124
概述	124
经验	126
链接和公司标识	128
推荐和背书	128
衡量你的活跃度	130

从求职到入职

具有讽刺意味的是：社交媒体将会为你获得一份工作带来很大的帮助，同时也很容易让你失去很多的机会，而你对此却一无所知。

你可能不会想知道，为了全面了解求职者，公司在使用社交媒体账号上是多么地老练和有决心。事实上，你应当想知道这些！仅仅在谷歌搜索上键入你的名字就可以了。令人难以置信的是，有多少正在求职的人并没有这么做。这提醒了你，你的过去是多么容易地跟随着你，人力资源部门会多么毫不费力地发现你最轻微的过失。

社交媒体的问题在于，你能够真实地告诉整个世界很多关于"我"的信息——所有的这一切会立即发生，而且很棘手。没有"删除"或者"我很抱歉"键。如果你不仔细的话，你可能会发送推文让自己失去工作。

> **没有"删除"或者"我很抱歉"键。如果你不仔细的话，你可能会发送推文让自己失去工作。**

第七章

管理网络形象

调查发现，超过半数的公司会如此操作，即由于社交媒体上的信息而拒绝聘用求职者。我发现，雇主由于社交媒体发布的内容拒绝了相当于25%的求职者。这些内容包括不合时宜的涉及酒精或者其他物质消费的照片，和歧视性或攻击性的言论。我几乎总是能遇到这样的求职者，他们对此感到很吃惊。

"哦，那是我的'隐私'。"一位刚刚获悉她已经不在某个职位考虑之列的求职者说。

"但是你公之于众了。"有人提醒她道。

她认为"隐私"的东西一旦发布在社交媒体上就会非常公众化——在谷歌上，图像是供全世界的人来寻找的。这是一张候选人眼睛蒙眬和穿着暴露的照片。在隆冬时节，她懒洋洋地躺在滑雪道的内道，脖子上挂着20多串紫色和金色的"忏悔星期二"（Mardi Gras）珠饰项链，身旁有一个杰克·丹尼尔斯的瓶子，雪地里还有几个百威啤酒罐。在稍上方的位置，她拿着一个手写的牌子，上面写着"又是疯狂的一天"。这些对于未来的雇主来说就足够说"不，谢谢"了。

她解释说这只是个玩笑。"我没有真正去做那样的事情。"她说。现实世界有前后背景的关联，而网络世界是没有的。你应该真正做到对个人隐私保持隐私，因为一旦社交媒体搅进来，那么"拉斯维加斯发生的事情"就不会只停留在那里。

老派的员工偏向于认为自己更安全些，因为他们不是经常使用社交媒体，甚至没有色拉布（Snapchat）和照片墙（Instagram）账号。但是谷歌搜索不会歧视年龄，通过领英、脸书、推特，老练的高管们都有网络照片、发布的信息，以及展现一种与公司目标相反的形象的推文。或者仅仅是让人很尴尬的网上资料。

不可明说的真相

✖

"拉斯维加斯发生的事"并不会停留在那里。如果你的不合时宜的照片或者攻击性和歧视性的言论发布在网络上，未来的雇主就会看到它们。

你的网络习惯性行为

检查你的网络习惯性行为,看看你展现出了自己什么或者让自己缺失了什么。你的领英上的个人资料是最新的吗?如果不是,那么这是维护你数字形象必作清单上的第一条。同样,你的网络活动频率说明了你的什么信息,这些信息是否与你希望雇主了解你的信息一致?你必须要有意识地和小心谨慎地对待你放在网络上的东西,记住,即使是"删除",也不会让文章和推文永远消失。虽然很难找回,但它们还是可以找到的。

亮出红旗（危险信号）

在我写这一章节的时候,看到了这样一项报告,哈佛大学已经撤销了至少10位学生的入学资格,原因是由于他们在脸书"私人"聊天上发布了攻击性的言论。哈佛不是第一个采取这样行动的学校。几年前,另一所精英私立大学拒绝了一位年轻学生入学,因为这位学生在校园巡演时在推特上发布了贬损他人的评论!

为什么会有人如此明目张胆?这要追溯回一个错误的假设,就是你曾经只是告诉了你在网络上"少数的"朋友。但事实上你告诉了整个世界。

人们认为,在脸书、照片墙、推特等网站和大型的职业网站如领英之间有"一堵墙",会将两者隔离起来。然而,你的网络形象是一项资产:你的数字品牌。

作为一个狂热的篮球迷,罗杰充满激情地追随着这项运动。任何坐在球场边缘区的人都能听到他关于教练、对手和裁判的愤世嫉俗的评论。罗杰在推特上也保持着同样的毫无掩饰的风格,他的追随者也都是像他一样的狂热的粉丝。当然,在他的职业关系网络上,罗杰呈现出来的却是另一种风格。作为一名营销高管,罗杰以他的犀利泼辣而闻名,但是大部分人形容他是一位聪明的、善于表达的和有趣的人。

在现在的职位上工作了5年之后,一位招聘顾问在一次行业会议的专家小组讨论上,

第七章

管理网络形象

听到了罗杰关于数字营销的演讲，然后就联系上了他。这个新机会引起了罗杰的兴趣，这是一家建设良好的大规模的公司，他同意尝试首席营销官的职位，这家公司希望这个职位上的人有数字营销的经验。然而，这家公司在业内的口碑是比较保守的。CEO本人的价值观影响了公司的文化趋向于保守，招聘顾问向他保证这种文化并不是一成不变的。

在安排第一次面试之前，招聘顾问致电罗杰说他失去了这个职位候选人的资格。罗杰对此很吃惊，并追问是什么原因。"是你的推特，"招聘顾问回答说，"CEO在谷歌上搜索了你……"

"CEO？"罗杰打断道。

"是的，"招聘顾问说，"他自己在网络上做求职者的尽职调查。说实话，你在推特上的言辞触怒了他。"

两年后，当我和罗杰聊起来时，他依然在发布体育方面的推文，但是已经不再那么满口亵渎神明了。而他仍在原来的位置上。

这些警示性的故事不是要引导你远离社交媒体。事实上，值得一提的是，公司也会在网络上发现候选人的积极特质。对于创业者来说，社交媒体的发文能够支持公司那些不完全取信于人的成就和经验。公司也会发现你周围的一切真实到什么程度。一位招聘顾问会在脸书照片集中发现那些你完成了第三次半程马拉松比赛的照片，这是你在兼顾工作和家庭责任的同时参加训练的。创造性——一项很难通过面试发现的能力却可以通过网络来展现，通过你绘制的虽然不像卢浮宫里的但仍然令人印象深刻的绘画来体现。而文雅有趣的发文能够证明你是一位沟通高手。

> 现实世界是有前后背景关联的，而网络世界是没有的。一旦发布后，没有什么数字信息是可以被彻底删除的，也没有什么隐私。

领英：必须有的个人资料

虽然很多公司会窥探你的脸书和推特上的个人资料，但是我们都知道在数字世界中，你的职业品牌的真正中心是在领英。在这里,你的个人资料展现了你的"ACT"——成为真实的、建立联系的、给人们你是什么样的人的体验。

考虑一下这些数字:在全球范围内,领英有5亿成员,包括来自所有五百强公司的高管们。作为全球最大的职业网络平台,领英可以提供24种语言遍及200多个国家。对求职者来说,这是一堆潜在的招聘人员关系和商业关系。人们用它来搜索招聘信息,了解更多的目标公司的信息。雇主和招聘顾问使用领英来搜索和发现像你一样的职业人士。毫不夸张地说,领英是应用最广泛的发现求职者的社交媒体。

但是对大多数人来说,合适的个人资料仍是求职背后的另一令人发狂的谜团。当然,对于如何建立领英个人资料,也不乏建议,包括如何在领英网站上建立资料的指南和教程。对这些建议要小心。我曾发现过一条建议,引用了一项研究,说在求职网站的照片上闭着嘴比张着嘴的照片"效率低50%"。自然而然地,我不禁想起了我那些牙齿看起来比较恐怖的朋友。尽管如此,我们自己的研究和经验建议,要有一系列的策略,从简单到复杂,都能起到帮助作用。当然,需要避免一些明显的缺陷。

照片

我们当中有谁认为他们的照片是不错的?领英上的照片不是选美比赛。它是树立你独特自我品牌的关键组成部分。放弃上传一张照片,不去修改它,这两种做法都会传递出负面信息。缺失照片可能会被解释为"我太忙了,没时间认真对待这件事情"。此外,还要确保不要上传一张老照片,即使这张照片上你20世纪80年代的朋克发型是那么的酷。过时的服饰和发型会让你看起来似乎与现在的求职市场无关。当然,如果你在照片中一个样,现实中的你又是截然不同的另一个样子,会让人们怀疑你的真实性。

> 你不应该"以书的封面来判断一本书的好坏",但是事实上所有人都会这么做。

第七章

管理网络形象

不公平的是，有时你会由于太过努力而失分。我认识一位工程师丹尼斯，他在领英上发布了一张他的个人资料照片，是一家专业的工作室拍摄的——有舞台化妆等。他身着正装，面带微笑，发型纹丝不乱。一位招聘顾问通过领英联系上他，丹尼斯同意进行电话交流，并且约了面谈。在丹尼斯工作地点不远的地方有一家星巴克，他早早到了那里，并占据了一张两人用的桌子。当招聘顾问到达时，他看过她在领英上的照片，一眼就认出了她，并招手示意。但是招聘顾问与他擦身而过。丹尼斯愣住了，从桌子旁站起来，在她继续在星巴克忙着寻找之前，拦住了她。

"哦，我没有认出你来，"招聘顾问说。

毫无疑问，丹尼斯与照片上看起来完全不同。他秃顶了，衬衣领大开，露出一个巨大的金项链。他甚至戴着一副玳瑁的框架眼镜。太尴尬了！

有一统计数据经常被引用，就是人们会在7秒钟内对他人形成一个印象。但是有可能会更短。我读了一篇普林斯顿的两位心理学家的文章，他们发现人们仅需要1/10秒就足以对陌生人的面孔产生印象。在这两位心理学家的实验中，人们判断某些特质，例如可爱、有能力、可信赖性和侵略性仅需要一眨眼的工夫。这些就是形成一个观点的全部过程。

所有这些细节都很重要。在你的领英照片中，你想要展示出你的职业形象（基于你所从事的职业，这里有一些范围）和得体的衣着，就像一次求职面试，一个给客户的演示，或者参与的一次演讲。你的照片应突出你自信和平易近人的特点。

找一张你喜欢的照片

使用一张你真正喜欢的近期照片，在这张照片中你面带微笑表情自然，并且能够展现出你的自信。只要你的着装与你的职业形象相符，那么这张照片是由专业摄影师在你的后院拍摄的，还是由你的朋友在客厅里用手机拍摄的，都没有关系。

请朋友们评判一下这张照片

这张照片一经发布，就请几位朋友看看。是否清晰？是否聚焦？当他们看到照片时，闪现在脑海中的第一反应是什么？

把照片带到下一环节，设置背景图像

你在领英上的照片会被设置在某一背景之前。不要忘记这个地方，也不要视之为"橱窗服饰"。这是一个利用你的整体个人形象，直接突出与你的业务或职业相关的个人品牌的机会。对于招聘顾问来说，他们需要搜索大量的领英个人资料，你使用的肖像应该能够使他们停下来说："这看起来很有趣。"

从求职到入职

你的介绍性头衔

想象一下,有人问你,"你是做什么的?"你的简明回答可能是,"我是XYZ全球的生产副总裁。"或者你可能会说,"我将下一代产品从设计开始一直带到市场投放。"两者都是正确的。但是哪种回答方法对你更有效呢?答案是,这要看情况。这里有一些注意事项:

当你的头衔和公司说明了一切时

如果你在为某领域的领先者公司工作——一家财富一百强的公司、热门的数字初创公司、一家顶尖的研究机构,你可能会把你的正式职位头衔作为领英个人资料的介绍性头衔。例如,许多大公司的资深高管们会使用他们现在的头衔和公司名。对他们来说,这些就说明了一切。

当一些描述性的词汇能够更好地传播信息时

另一种观点认为,使用简短的描述不仅能传达你做了什么,还能传达你是如何做的:提供以病人为中心的医疗保健(对比护理负责人),将优秀的人才与他们喜欢的工作联系起来(对比招聘负责人),帮助人们和组织讲述他们的故事并在市场中脱颖而出(对比公关专业人士)。一旦引起了招聘人员、用人经理和其他人的兴趣,他们就会顺带着往下看几行,读到你现在的职位。不过,我要提醒大家的是:有创造力并不允许不真实或夸大事实。

概述

这是你的"电梯营销",领英分配了两千个字符(3~4个句子)用于你的60秒概述。就像一个企业家"推销"一个初创公司,或者一个作家试图向一个制片人介绍一个剧本一样,你要销售一个想法。这个想法就是你!

在这里,你需要考虑的一些关键因素有:你会写多少?一些人会一直重写他们的概述以匹配特定的工作或职位信息。理论上,你可以在概述中包含关键字以匹配任何职位信息,然后再为下一个职位重写。我认为这增加了出错的概率,请记住:每一个更改都会以"更新"的方式传播到你的联系人那里。(一些顶级会员可

第七章

管理网络形象

以隐藏此类更新。）在写一篇概述的同时，最好记住这些基本要点：

使用第一人称代词

说"我"是可以的，因为人们希望能够直接从你那里接收到信息。如果用第三人称指代你自己——"约翰是个经验丰富的人……""玛丽很有才华……"这听起来很尴尬，而且会破坏你试图建立的联系。

避免使用流行短语和陈词滥调

大部分人默认使用这些熟悉的说法："我是一个团队合作者。""我和他人合作。""我是一个有效的沟通者。"这不是一个坏的开始。但是这一步可以走得更好一点。一个团队合作者对你意味着什么？"我领导互相协作的团队，能够发挥他人和我自己最优秀的一面，从而创造性地解决问题，集思广益提出解决方案。"使用同义词典来帮助你找到能够准确表达你想说的内容的同义词。

让它对别人来说有意义

虽然你总结陈述的内容全都是关于你的，但是它所建立的联系都与他人有关。在很短的篇幅内，并且不用过多的文字，你在展示你是谁，以及你能为下一任雇主带来什么。在你写总结陈述的时候，时刻将你的读者记在心中，尤其是当你想吸引招聘人员和用人经理的时候。

一致性很重要

当拿到某人简历的时候，我通常会对比他或她在领英上的个人资料。尽管措辞会有不同，我想要看到同样的工作、头衔和基本信息。空窗期、不同的时间段，和不一致的信息都会引起我的警觉，它们传递了这样的信号：要么是简历，要么是这个人，在网上展示自己的方式有问题。

经验

如同撰写简历一样,你应当以成就第一的方式在领英个人资料中来阐述你的经历。事实上,建立个人资料的一个好方法就是从简历中剪切粘贴。

采取小步更新

如果你是很多年都没有填写自己领英资料的职业人士中的一员,或者你是第一次创建个人资料,不要试图一次性完成所有的内容。从你现有的东西着手。你可以利用你的简历来填写经历部分,使用要点符号列出现有工作中的3~5项成就,说出这些成就及其结果:"领导一个由来自6个国家的12名同事组成的团队,推出了一条新产品线,超出了最初销售额预期的18%。"对于你过去的工作,用同样的方法,着重突出你的优秀业绩。

专注于"如何做"

接下来的修改,你要超越你曾经完成了什么,应该专注于你是如何完成的。你是如何领导那12名同事的?推出新产品系列的关键是什么?发布一些视频、博客等。也许你参加了一个行业会议的小组,或者就一个你很擅长的话题发表了演讲,这个活动被记录

"如何做"的重要性

当你解释你是如何取得成就并产生成果的时候,你是在让招聘者和潜在雇主看到你所带来的价值。这就是你用"ACT"方法建立的"体验"。人们理解你"如何"思考、工作,与他人合作得越多,你的信息就越有可能引起他们的共鸣。

第七章

管理网络形象

下来并在网上分享；或者你写了一篇对你很有意义的话题的博客，或者在一个行业网站上发布了一篇文章；分享这些展示你专业技能的外部链接，它们会使你的个人资料更加丰富生动。当招聘人员看到你在领英上的展示时，你就会立刻从你所从事的商业或行业人群中脱颖而出。

与你的团队分享荣誉

如果你和别人一起做一个项目，那么在你的领英资料上写上他们的名字。如果你是一个中层经理，意味着你指导团队，而其他人负责工作的话，这一点尤其重要。分享功劳绝不会削弱对你努力的认可。相反，会表现出你对自己足够的自信，以及你有能力给予他人信任。这还不是唯一的好处。现在，在你的关系网中，你有了一个"粉丝团"，他们将非常感激自己能够被认可，以至于他们会付出额外的努力来支持你。

定期更新

就像20年前的一张照片传达了负面信息一样，领英上的静态资料也是如此。当你取得新的成就时，增加新的要点并删除旧的要点。如果可能的话，加上你推出的产品或你提供的演示的链接。保持你个人资料的新鲜度和相关性。更新你的个人资料，也会展现出你在技能和经验方面的进步，以及你正在为下一个伟大的事情做准备。

搜索引擎优化

领英个人资料的概述和经历部分，应该包含与你从事的行业相关的关键词。这将使你的资料在搜索引擎优化或SEO方面来说更为有效。在领英上寻找合适人选的招聘人员和用人经理，不仅寻找某一特定行业拥有特定职位头衔的人，他们还会扫描显示你所在领域和专业水平的关键词。识别这些关键词的一种方法是阅读你所在行业的职位描述，并注意特定的任职资格，然后确保将这些相同的短语以真实和有意义的方式包含在你的个人资料中。

从求职到入职

链接和公司标识

像领英这样的在线平台的美妙之处在于,它允许你与你现在和以前的雇主以及产品很容易地建立起链接,甚至是你曾经做过的具体项目的链接。例如,假设你目前在一家口碑很好的消费品公司工作,通过添加公司标识和领英页面的链接,你的个人资料在视觉呈现上更有吸引力,也更有活力。即使是招聘人员或用人经理花不超过5秒的时间浏览你的领英个人资料,一个公认的标志也会给他们带来影响。

但假设你为一家小公司工作,这家公司不为人所知,当你添加链接到公司的领英主页上或公司网站"关于我们"部分时,你就为招聘人员或用人经理提供了一个即时的渠道,来了解你当前雇主的更多信息。

同样的道理适用于你教育部分的资料。如果你的母校是一个著名的机构,使用它的标识会使你得益于学校的"品牌识别度"。这也会使你与其他上过那所学校的人产生视觉上的联系(这对你的ACT方式至关重要),你会惊讶于它所带来的分量。你的母校也可以帮助你建立人脉,包括当你想要"请某人指教"一家公司或一个行业时。如果你们是同一所学校的校友,你可以利用这种共性建立联系,增加你的电子邮件请求被回复的机会。

推荐和背书

领英收集推荐和背书的功能可以帮助你建立信用度。对于推荐尤其如此,而背书则相对差一些,因为背书只需点击一个按钮就可以完成。这么一蹴而就的方式需要人们考虑多少呢?领英已经加强了它的背书过程,当一些被认为在某一领域具备高技能的人为其他人背书时,会加以注释。例如,你的个人资料可能会显示出在某类别的社交媒体中,鲍勃·史密斯和其他5位高技能人士为你背书了。这类"专家"背书被认为更有分量,因为人们会基于这样的前提,即这些人能够真正证明你的专业水平。

如何胜在领英

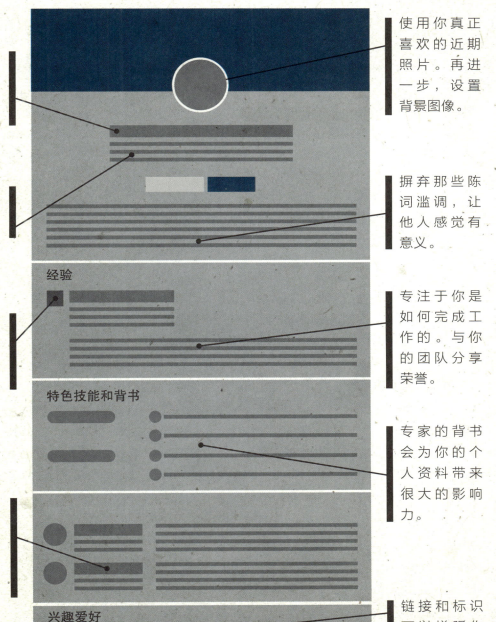

- 显示你的正式职位名称,将之作为领英个人资料的简介头衔。
- 使用你真正喜欢的近期照片。再进一步,设置背景图像。
- 一些描述性文字会更好地传达出信息。
- 摒弃那些陈词滥调,让他人感觉有意义。
- 有高品牌识别度的标识会提升你的个人资料的质量。
- 专注于你是如何完成工作的。与你的团队分享荣誉。
- 专家的背书会为你的个人资料带来很大的影响力。
- 最强有力的背书是由一位真正热情的,并且认为你已经超出了其预期的人写的。
- 链接和标识可以增强你个人兴趣的影响力。

推荐的作用要高出一筹。在过去，人们希望得到一封推荐信——一份打印在纸上的声明，描述他们作为员工的价值，他们的个人性格，以及一个雇主聘用他们是多么的幸运。现在，推荐是在你的领英个人资料上发布的简短声明。偶尔，一位客户、前同事或现在的同事会自发地为你写推荐信（请你审阅和批准）。但大多数时候，你不得不向老板、导师、同事和客户寻求推荐。

当许多人以"你推荐我，我推荐你"作为交换条件时，要小心，不是每个赞美之词都在某个地方有一个"孪生兄弟"。最有力的支持是一个真正热情的人写的，并且他对你的期望超过了你对自己的认知。这与这个人在这个组织中的地位有多高没有关系。一位能够讲述出具体细节的与你同级别的人，所写的一份缜密的、文笔良好的推荐信，比那些超过你很多层级的人的泛泛的评论，更能够让你脱颖而出。

衡量你的活跃度

最后，谈谈社交媒体的参与度。作为互动平台，领英、脸书、推特、照片墙以及其他社交平台，旨在促进持续的联系和交流，人们经常同时在多个平台上发布和分享信息。

在领英这样的平台上，你的活跃程度取决于你有多少独特观点和阐述说明。我们的一位社交媒体策略师建议，每天在线15分钟左右，翻页看看谁发了帖子，点赞或分享评论，或许还可以发布一两句自己的评论。当你想保持个人资料的活跃度时，建议你不要过度地出现在网络上，那样会让人觉得你从不工作。

最近有一位高管，光辉国际正在考虑是否聘用，这位候选人的网络活跃程度给我敲响了警钟。当我查看他在社交媒体上的表现时，我发现他似乎每天都要上网好几次，写博客，发推特，评论任何事情。

只有你才能确定你适合何种程度的活跃度。是的，你想要随时了解你的关系网中发

第七章

管理网络形象

> **你不会愿意让别人看到你在网上如此活跃，觉得似乎你从不工作。**

生的事情，并且站在你的联系人面前。但是你不想突然被整个脸书或领英上的人看到。突发性的活动可能会让其他人想知道发生了什么事。你决定变得非常活跃是因为你在找工作吗？

记住，你发文和评论的频率和相关性会留下一个数字痕迹。在这个世界上，一切都是如此地透明和可搜索，你希望你的活动展示出你是一个对世界和其他人感兴趣的人，能够热情地投入到你的工作中，并通过有意义的对话与他人建立网络上的联系。

第八章

与招聘顾问合作

与致力于建立关系网的人建立关系网络   135

了解招聘顾问   136

招聘101   137

与招聘顾问合作时应该与不应该做的   141

从求职到入职

这封邮件完全出乎你的意料。当你仔细阅读的时候，你会感到心跳加速。你太激动了！你迫不及待地想告诉你的家人，与此同时，你发现自己在对你信任的同事窃窃私语，"你不会相信的，我刚收到这封邮件，而且……"

这是一份新工作的录用通知书，对吗？ 事实上，它不是。邮件来自招聘人员。但它确实让你心跳加速了。一个你从未听说过的人解释说，他或她一直在研究你的资历（多么友好），并愿意讨论一个对你来说很理想的工作机会（甚至更友好）。当然，它的薪水比你现在的工作要高，有更好的福利，而且它所在的公司很棒，招聘人员不允许透露公司名字。

> **不可明说的真相**
>
> ✗
>
> 招聘顾问第一次联系你不意味着你可能会得到一份新工作，与招聘顾问打交道只是建立关系网络。

第八章

与招聘顾问合作

作为一家全球最大的招聘公司的CEO，我可以告诉你的是，在以前，一位重要的招聘顾问联系上你的时候，的确是一个很好的信号。现在，由于新一代的招聘人员大量充斥着这个行业，当一个人主动与你联系时，可能就没什么大不了的了。

当然，你被选中，这是个好消息，但几乎没有人喜欢这个好消息附带的警示：招聘顾问，尤其是那些应对突发招聘需求的人，他们会广泛传播信息，尽可能多地搜寻潜在的候选人。他们可能会标记几十人甚至上百人，数量多少取决于这个职位的级别。然后联系这些候选人，通过筛选简历、面试和测评进行审查和剔除。很明显，这是一个数字游戏。对任何一份工作来说，数学计算都不是对你有利的，尤其是当他们第一次通过充满希望的电子邮件联系你的时候。

所以打住，不要再为这封邮件而欢喜雀跃了，你现在可能在想你也许不应该回复它。"我有更好的事情要做。"你对自己说，就像其他人收到这些邮件一样。毕竟，在求职过程如此繁重的情况下，谁又会去浪费这么长的时间呢？

但是你应该回应。这一点非常明确。

与致力于建立关系网的人建立关系网络

简单地说，你不应该因为要得到"一份工作"而与招聘顾问打交道。相反，你应该与招聘顾问建立联系，以增加你在有合适的工作机会时被录用的概率。这需要你转变思维。你需要抛开明天就能找到一份新工作的即刻满足感，而和招聘顾问建立长期的关系。你永远不会知道：你可能是当前空缺职位的最佳人选，所以你绝对需要回应招聘顾问，并且了解更多的信息。但更为重要的是，这给了你一个脱颖而出的机会。要有反应地、职业化地，并且带有适当的渴望（但不孤注一掷）地去了解更多。

就像任何一种人际关系网络一样，你不应该关注招聘顾问现在能为你做什么。这是一个互相介绍和了解的过程，并且要一直保持着联系。正如一位长期任职于光辉国际的招聘顾问建议的那样，与招聘顾问接触的最佳时机是你已经被聘用，而不是积极找工作的时候。"职业是一件长期的事，"这位招聘顾问说，"不要只是在你'头发着火'需要一份工作的时候打电话给招聘顾问。"

事实上，我们完成的职位招聘中，90%

了解招聘顾问

的候选人属于"被动求职者"——在我们针对高管级别的旗舰猎头业务上，和针对专业级别的睿程（Futurestep）猎头业务上。就是说，在我们联系他们之前，他们不会主动看一个工作机会。他们从事着现有的工作，但也持开放的心态聊聊新机会。

与招聘顾问早期合作的一个方式——培养长期的关系总会在某天回报给你，是帮助他或她寻找合适的候选人。如果你认为给你的机会不合适，那就推荐那些合适的人。相信我，招聘顾问会比你想象的更欣赏这一态度。

当今，招聘顾问如此广泛地撒网的全部原因就是，公司会持续要求提供更多的候选人，使得搜索不得不频繁活跃起来。考虑到这种压力，这就不奇怪，在一项调查中，65%的招聘顾问认为"人才短缺"是他们面临的最大挑战。所以，当招聘顾问收到你的资料充满感激时，他或她立刻成为你的盟友时，你不要对此感到惊讶。事实上，招聘顾问会为客户储备人才库——很多人都在这么做，这很可能会在任何帮助过他们的人的名字后面加上一个记号。

> 成为招聘顾问的资源。当你不是某一职位合适的人选时，提供一些其他的想法和建议。创建一个双向关系。

你的职业目标之一应当是认识招聘顾问，特别是专注于你所在行业或者职能的顾问。人们并没有很好地理解这一事实：招聘顾问是按照行业（例如，技术、消费品、零售、金融服务、生命科学等）和职能（市场营销、财务主管、人力资源、法务等）来分类负责的。与建立任何人际关系一样，最好是由他人介绍。理想情况下，你可以由招聘顾问已经招聘成功的人介绍给招聘顾问。不仅有人为你的资质背景作担保，更妙的是，这份推荐是来自一个成功的求职者。招聘顾问会检查并核实你所有的背景。所以，如果你得到了很有名的招聘顾问在你的领域和行业中的"盖章认可"，这对你来说真的是件好事。

如果这改变了你与招聘顾问合作的想法，那么很好！与招聘顾问合作的最佳方式是，不再把他们当成房地产中介：他们有多套待售房屋的清单，正等着你出价，然后搬进来。

当你了解了招聘顾问工作方式的时候，你也应当了解"客户"是谁。经常会出现这样的情况，刚进入招聘流程的人听到"客

第八章

与招聘顾问合作

户"就认为是求职者,好像这两个词是同义词。实际上它们不是。如果你正在考虑一份工作,你是求职者。客户总是招聘员工的组织,它们就是招聘顾问所服务的对象,它们为此付费。

招聘顾问被聘用来识别哪些是最适合某个职位的候选人。例如,光辉国际以其在人才评估方面的前沿知识产权而闻名。我们知道如何从很优秀的候选人中区分出卓越的候选人。

招聘101

根据招聘顾问的工作方式和他们所专注的人才层级,他们分为三个基本阵营:

偶发性招聘顾问

这些人是为那些偶发性招聘需求的人工作的。也就是说,只有当他们推荐的候选人中有一个被录用时,他们才会得到报酬。因此,偶发性招聘顾问有很大的动机去广撒网,识别大量潜在的候选人。(这也解释了为什么他们有时被称为"猎头"。)在这些偶发性招聘顾问中,有一群以资历较浅的人为主的人群,他们的任务通常是在网上搜索,找出潜在的候选人,然后把他们移交给更高级的招聘顾问。一旦选出了一个大的人才库,将对其中的人员进行评估,然后只有少量合适的候选人被推荐给雇主。

如果你的收入少于10万美元,很可能联系你的招聘顾问在为一个偶发性的招聘职位工作。这些顾问需要识别合适的候选人,这为创建人际关系网络带来了机会。一定要回应招聘顾问的电子邮件和电话,随着时间的推移,让招聘顾问及时了解你的工作变动和晋升情况,这样你的信息就会得到更新。

内部招聘人员

公司有内部招聘人员,通常他们会有薪水,但如果成功招到人才,他们可能会获得奖金。内部招聘人员可能会与外部招聘顾问合作,为具体职位寻找人

> 招聘顾问不像手中有多套房源的房产中介。公司聘用招聘顾问是为具体职位招募配置人员的。

怎样引起招聘顾问的注意

回应他们的电子邮件或电话。

接触那些专注于你所从事的领域和针对你现在层级的招聘顾问。

经常保持联系。

才。在与内部招聘人员打交道时，一定要像对待用人经理那样对待他或她。

保留性招聘顾问

当一家公司需要找到顶尖人才来填补一个职位空缺时，比如其领导团队中的一员，它会求助于光辉国际或其他的高管猎头公司。公司会预付给猎头公司一笔保留性定金（因此，有了"保留性招聘顾问"一说）以开展搜索，即使公司最终聘用的候选人不是这些招聘顾问推荐的，比如说提升了一位内部候选人，猎头公司也不会因此退回这笔定金。光辉国际平均每年承担5 000次高管招聘。此外，我们的睿程（Futurestep）部门专门从事专业水平的人才搜索，每年完成超过4万个职位的招聘。

保留性猎头公司通常只寻找经验丰富的专业人士。对于高管来说，这意味着年薪和奖金至少为25万美元。按营业收入计，五大保留性猎头公司（按亨特·斯坎伦的评级）是：

光辉国际（Korn Ferry）
史宾沙（Spencer Stuart）
亿康先达（Egon Zehnder）
海德思哲（Heidrick & Struggles）
罗盛（Russell Reynolds）

第八章

与招聘顾问合作

除了这些公司以外，还有许多专业机构专注于特定的行业或职位的猎头服务。综合起来，这些公司每年可能进行超过2万次的高管招聘，但是潜在候选人却是以百万计的。想想商界有多少高管——大公司、小公司、上市公司和私营公司的，即便是首席财务官这样的具体职能职位，也可能有数十万名潜在候选人，包括内部候选人。不管你怎么想，可用的候选人数量都比空缺职位的数量多很多倍。每个空缺职位也有自己的要求。例如，首席财务官不仅要专注于他们的职能，还要专注于他们所在的行业，这就大大减少了候选人的潜在机会。

在过去的几十年里，求职者和公司的搜索过程都发生了变化。在互联网出现之前，可用的人才库较小。事实上，一个与3位或4位招聘顾问保持联系的高管几乎可以肯定会得到大量的工作机会。如今，由于技术使得招聘人员能够在更多的地方找到更多的人才，所以候选人人才库更大了。此外，人们通常比过去更具流动性，这意味着对于合适的机会，地点不再是一个限制性因素。

一切只和匹配度有关

招聘人员致力于将公司与最优秀的候选人联系起来。要做到这一点，他们必须对特定的候选人人才库有深入的了解。一个美国零售行业首席信息官的人才库就是这样一个例子。要想成功地完成这个空缺职位的招聘，就必须了解候选人，并确定哪些人最适合该职位，以及用人公司的文化、使命和目标。一切只和匹配度有关。

随着越来越多的候选人可供选择，公司提出的职位需求机会更加具体：候选人曾经服务过的公司数量，他或她管理的团队的规模大小，以及所具备的能力和经验的细节清单。举例来说，一家公司对于一个要求经验丰富的职位可能会有十项"必备条件"，例如高级副总裁。20年前，一位满足3/10的任职条件的优秀候选人就有可能被一位雇主接受，因为他们希望这位高管在就职之后能够学习和掌握另外7项任职要求。然而如今，雇主可能会坚持到找到一位满足全部10项任职资格的人——或者尽可能多的人，这取决于在特定领域或职能领域的人才竞争。

为完成客户的招聘需求，光辉国际的顾问们开发并维护了深层次的候选人人际关系网络，并骄傲于了解不同行业和职能的最佳人才。我们的专业实践涵盖了先进技术、消费品、金融、医疗保健和生命科学、专业服务、董事会、能源、工业、私募股权融资、社团、教育和非营利组织等领域。我们在全球50个国家100个办事处拥有近8 000名员工。

从求职到入职

通过从我们广泛的人才数据库中找出的合适人才，我们在寻找特定角色的用人组织（我们的客户）和适合这个角色的高管之间充当着"介绍人"的角色。我们使用精密复杂的测评系统来评估候选人的知识、经验、性格和其他特质，以确定他或她是否是最合适的。有了丰富的测评数据，我想说我们比这些高管更了解他们自己。

一旦选定候选人，如何进行接下来的流程，这取决于工作的类型和最终候选人的数量：

第一次缩减

最初的审查会将求职者从几百减少到不超过20位的适合这个职位和公司的人。

第二次缩减

进一步的审查可以将候选人名单减半。审查过程可能包括评估和面试，以及其他步骤。

推荐

招聘顾问会向公司推荐几位候选人。该公司将审查推荐资料，并安排希望见到的候选人面试。如果公司不接受任何候选人，或者职位任职条件已经改变或重新定位，招聘顾问将回到人才库重新搜索。

关于招聘，你想知道一切，但是你不敢去问

明确目标和规范

分析客户的商业文化

制定职位范围和职责、薪酬方案、汇报关系，以及期望的高管个人资料

开发搜索计划

识别候选人

使用专有数据库和联系人网络识别和确定目标人选

识别候选人，包括合适的内部人选

简历筛选和评估候选人

准备背景资料

与客户一起复查候选人资料

第八章

与招聘顾问合作

与招聘顾问合作时应该与不应该做的

毫无疑问，与招聘顾问建立良好的工作关系，有助于你的职业发展提升到更高的水平。我曾经询问过光辉国际的招聘顾问们，他们如何看待建立和发展人际关系。我也请他们反思自己与求职者的经历——积极的和消极的。毫不奇怪，他们的大多数建议都属于"ACT"类别：

要真实

涉及你是什么样的人、你的背景、你目前的工作和职责，以及你目前的薪酬，要诚实和透明，绝不撒谎和夸张。举例来说，不要让招聘顾问认为你刚刚从高级总监升为副总裁，而实际上你还没有升职（只是你的一厢情愿）。不要夸大你的薪酬。如果你认为自己的薪水过低，那就这么说："我相信我的工资低于市场水平，但我现在年收入××××××。"如果你已经离职，那就告知招聘顾问。不要假装你还在那里，招聘顾问会

搜索评估	面试	选择候选人	后续跟踪
与客户一起开发针对该职位的候选人个人资料 候选人进行在线测评 对比候选人评估结果和个人资料	协助客户面试候选人 获得客户和候选人的反馈进行背景调查 准备详细的个人资料和评估报告，说明每个候选人的优势和不足 选择最后一轮面试的名单	进行最后一轮面试 薪酬福利谈判	创建平稳的过渡计划，包括到岗和发展计划

核对一切!

建立关系

当招聘顾问与你接触时,你要回邮件或者回应来电,即便你并不怎么积极地在找工作。如果是你发起联系,那么使用领英或者公司的网站找到专注于你所在领域的招聘顾问。发一封简明扼要的电子邮件,在前两句话中解释你是谁,你是做什么的。告诉招聘顾问你想让他或她注意到你,并附上你的简历。

不要给你在光辉国际这样的网站上找到的所有招聘顾问广发邮件。如果你发出一封"我想介绍一下我自己"的电子邮件,并附上简历,给20多个人,希望能够碰到合适的那一个,那将会适得其反。你接触到的大多数招聘顾问都不会专攻你所在的行业或职能。当他们把你的电子邮件转发给合适的同事时,那个人将会收到无数相同的你的电子邮件。这会说明什么,是你准备不足吗?

做好你的家庭作业,找到专门研究你所在行业或职能的招聘顾问。更好的办法是,联系你的人际关系网上的人,看看是否有人可以友情介绍。

之后,你需要让招聘顾问对你有感觉,你是什么样的人。要表现出你的专注、感兴趣和信心。还要记得那些讨人喜欢的因素:我们都倾向于与自己喜欢的人共事。如果招聘顾问想要把你推到客户面前,他或她希望

> **与招聘顾问建立良好的工作关系,有助于你的职业发展提升到更高的水平。**

哦,人们是这么说的——

一位顾问正在为一个呼叫中心招募大量的工作人员,他提问了一个常规问题作为面试的开始:"你能告诉我你遇到过的一个富有挑战性的情况吗?"然而,一位候选人的回答绝不常规。"我不得不说,我所面临的最具挑战性的情况是,我的男朋友和我分手,开始和我妈妈约会。"

另一位招聘顾问在为一个中层职位筛选候选人时,询问应聘者简历上列出的职位。"我在职业生涯早期就接受了这份工作,这对我来说非常成功,"这位求职者说,"我是一个老人看护,他改变了遗嘱,把所有的钱都留给了我。"

"……我所面临的最具挑战性的情况是,我的男朋友和我分手,开始和我妈妈约会。"

第八章

与招聘顾问合作

让自己对你与人交往的能力有信心。当一位招聘顾问与你会面时,他或她会想看看你有多优秀和多专业。

当你不断推进你的求职过程时,要和招聘顾问们保持联系。你的经验和反馈非常重要,尤其是如果你成为最后一轮候选人名单上的一员或者已经就职了。另一位光辉国际的招聘顾问给正处于面试过程中的候选人如下忠告:"你的反馈非常重要。我们需要就此与客户沟通。而且,在你就职的第一年里,请不要忽略我们跟踪反馈的电话。相反,你可以考虑培养与招聘顾问的关系,尊重帮助你找到新工作的团队的工作。"

与招聘顾问维持关系同样重要的是,什么是你不能做的。如果你给招聘顾问留下不良的印象,那么小红旗(警示记号)就会随之而来。人们的记忆总是很久,招聘顾问会把每个他们联系过的客户和候选人的数据库都保存下来。常识、礼貌和专业精神都很重要。不惜一切代价,避免做任何会伤害你和招聘顾问关系的事情。

不要伏击

这的确是招聘顾问们烦恼的事:想象一个纯粹的社交场合——一个晚宴、毕业典礼、婚礼,或者其他非职业性的活动。作为闲谈的一部分,会有人问道:"你是做什么的?"当某人回答说"我是招聘顾问"时,不管当时在什么环境下,立刻就有人开始对这个人围攻。招聘顾问希望能够提供帮助,他们的确也想要遇到优秀的候选人,这是他们的工作。但他们会讲一些躲在角落里才能讲的故事,以避免被那些不了解招聘流程,坚持"你必须给我找份工作!"的人伏击。有些人宁可把自己当成罕见的传染病专家,也不愿在社交场合告诉人们:"不,对不起,我帮助不到你(配偶、孩子、朋友、表弟),他们已经有一年没有工作了,正在一个我不擅长的领域寻找一份工作。我的后口袋里没有工作清单。"

所以,在观看一场小规模联盟比赛时坐在你身旁的家长,或者搭乘飞机时邻座是招聘顾问的情况下,你该怎么做?不要考虑你自己!像对待其他人一样对待招聘顾问。人们都喜欢谈论自己,问问他们喜欢自己的工作的哪些方面,他们做过的比较有趣和有挑战性的招聘有哪些。在谈话结束时,这位家长或飞机乘客可能会向你要你的名片。如果招聘顾问并不是专注于你所在的工作领域的,你几乎可以肯定,他或她会把你友情介绍给做这个领域的同事。那么人际网络就这么建立起来了!

不要当作玩游戏

如果你正处在另一个职位推荐过程中,而没有告知招聘顾问,那么就大错特错了。作为一位积极活跃的候选人,多方寻求机会

他们在想些什么？

一位候选人在面试中间，索要WiFi密码，以方便他下载一部电影，可以在回程航班上看。

───────

一位候选人在与客户通过Skype面试时，吃着一碗麦片。（当他咀嚼着提子麦麸麦片时，很难听清楚发音和他有见地的想法。）

───────

应聘者没有告诉她的配偶面试是通过Skype而不是通过电话进行的，他从背景中走来——直接从浴室走出来，没围毛巾。

是可以的，但是需要让招聘顾问知道。如果你已经是另一个工作机会的最终入围者，请告知招聘顾问。他或她的客户可能会加快流程，以便有机会向你发出录用邀约。然而，对招聘顾问隐瞒蒙蔽另一个机会，可能会招致你现在和未来的机会被扼杀。

我们遇到过一些令人难忘的冒险故事，是关于那些不肯透露同时进行另一个工作招聘的候选人的。有一个人通过了全部面试环节，并接受了这份工作。但工作第一天报到时，他没有出现，没有打电话，也没有回复内部招聘人员留下的任何信息。最后，在这天结束的时候，他联系了公司。他同时接受了另一家公司的工作，并去那里工作了一天——只是为了试工。不用说，他失去了再次被公司聘用的机会。

还有一位候选人，他已经位列一个职位的最终入围者名单的榜首了，但是他从没有透露过自己的个人状况，最终，被排除在录用之外。（他不得不请假照顾生病的家人。）只要让招聘顾问和雇主了解到发生了什么，他们就会适当调整。相反的是，所有人都慌乱了，因为候选人意外地退出了这个招聘过程。（这就是为什么招聘人员会选出2~3个最终入围者，而不仅仅是一个。）

不要表现出迫不及待

不管你是在领英上与招聘顾问建立了联系，还是发了一封电子邮件询问，还是收到

第八章

与招聘顾问合作

了一个邀请，都不要表现得迫不及待。这与约会很相似。在后续行动中你要反应迅速，充满热情，表现出职业化。发送电子邮件表达"感谢您的时间和兴趣"，并跟进问题。如果你能从合适的候选人中脱颖而出，可以通过电话和招聘顾问进行面试，也可以亲自到公司面试。但是与招聘顾问过多地接触会显示出你迫不及待。招聘顾问不禁会想，这个人是要被解聘了吗？这个人突然迫不及待地想换工作，是怎么回事？永远不要表现出找工作的焦虑。招聘顾问不是你的治疗师，也不是你的好朋友，你们之间只是工作上的关系。

最基本的一点是，随着你职业上的提升，招聘顾问会希望与你见面。当你达到适当的职业级别时，你绝对应该让自己出现在高端招聘顾问的搜索范围内。不过，在任何级别，与招聘顾问建立关系对双方都有好处。但你必须要有耐心，了解这个领域是如何运作的，以及作为一位"被动候选人"的价值。以正确的方式出现在招聘顾问的搜索名单内，你会被引导着找到你一直想要的职场着陆点。

第九章

面试准备：
不要从心理上让自己出局

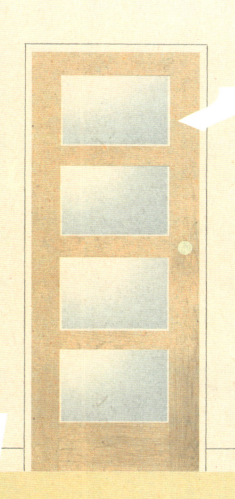

没有人能从六年级毕业	150
充分利用前七秒	153
面试的十二宗致命罪过	154
最大的未知数：面试问题	165
你的心理游戏	167

从求职到入职

当你开车去上班的时候,突然从你的后视镜里发现了可怕的红蓝相间的闪光。"也许我以每小时5英里的速度超过了限速。"你告诉自己。还是10英里?此时,听到了那个权威的声音喊道:"靠边停车。"你的身体会出现一系列下意识的反应:你的胃会翻腾,口干舌燥,冒出来很多冷汗。

欢迎来到你求职面试时的感觉。求职面试被描述为去迪士尼乐园游玩和到牙医那儿拔智齿之间徘徊:既期待又害怕,害怕它会变得那么糟糕,就像牙医审视着你的牙龈线深处,平静地说,"你可能会觉得有一点夹痛。"(我们都知道这是"像地狱一样受到伤害"的委婉说法。)

求职面试被描述为去迪士尼乐园游玩和去看牙医之间徘徊……

第九章

面试准备：不要从心理上让自己出局

我的建议是不要再去想超速罚单和智齿了！如果你任由你的想象驰骋，你会从心理上把自己击垮的。你会夸大自己的恐慌，然后把自己吓呆，甚至说不出两个连贯的句子，或者你不停地说话，有过之而无不及。

我最近在星巴克的角落里看到的那个男人，显然就是这样。当他脚上粘着便签纸走来走去时，他的腿在抽搐。我可以从我站着的地方看到他放在桌子上的简历。

"面试，是吧？"我边说边走近他。

他抬起头来，眼里充满了强烈的咖啡因和不顾一切，"是的，我真的需要这份工作。"

"嗯，你这个样子不会给自己带来任何帮助，"我指着他的三重红眼（三杯浓缩咖啡）对他说，"你需要做的第一件事就是深呼吸，然后放松。如果你这个样子去面试，你会搞砸的。"

现在，我的话引起了他的注意。

把简历当作剧本来熟记就是在浪费时间。他不是在为安妮试镜！相反，他必须要ACT，我快速地给他解释：要真实，与人建立连接，让人们体验和他一起工作的感觉。

"你的目的是和面试官进行一场谈话而不是审问，"我告诉他，"对待面试，不要把它想象成为是双眼放光的某人问着一些尖锐的问题！这是一场对话，纯粹而简单。"

然后我问他手机里有没有他特别喜欢的照片。

"我的家人，"他说，并给我看屏幕，"这才是最重要的——不是这次求职面试，"我告诉他，"想想两个小时以后，面试结束

不可明说的真相

✕

最愚蠢、最明显的事情可能会破坏你的面试。别再穿那双奇怪的袜子了！如果你犯了一个很容易避免的错误，一切都会土崩瓦解。

了，你要回家看你的家人。你只要记住他们，你就会有一个很棒的面试。"

然后，我就祝他好运了。

无论你是离开学校后开始从事第一或第二个职业，还是已经演练过无数次的高级管理人员，你的情绪肯定是复杂和强烈的——就像星巴克里那个人所经历的一样。这正是你曾经一直等待着的。最后，你要去面试一个你真正想去工作的公司，你要和一个很可能成为你下一任老板的人通电话、视频或现场面谈。

在大多数职业书籍中，标准化的忠告是：为面试做准备，需要把你要说的话当成剧本写下来，并排练一遍。哦，不要那么快。虽然你应该知道你的"台词"，但学习它们并不是你应该做的第一件事。在你想说什么之前，确保你有一个战略——一个以行动为中心的游戏计划。这就是本章的内容。

没有人能从六年级毕业

在你潜心准备之前，你要认识到是什么使得面试过程如此困难。虽然你已经有了一些想法，但是你真的不知道别人会问什么问题，或者面试官会不会更像那个把你拉过来的警察，或者是像你最喜欢的小学老师。你还得面对未知的对手——你是最受欢迎的候选人还是那些几乎无法成功的人。然后，还有一个更复杂的心理问题，就是你不能控制这个过程。是的，所有这些因素都起到了一定的作用。但对大多数人来说，在整个面试过程中都贯穿着一种更深层次的情感：我们从未真正从六年级毕业。

想想这句话。回到你十一二岁的年纪，心中最大的担忧是：

其他的孩子会喜欢我吗？

他们想要我加入他们吗？

他们会和我分享他们知道的或者拥有的东西吗？

他们是会帮我赢还是会搞破坏？

现在告诉我，这些顾虑中哪一个不适用

第九章

面试准备：不要从心理上让自己出局

于面试过程？对很多人来说，用这种方式来看待面试打开了眼界，可以帮助他们理解自己的感受。当他们意识到去面试虽然是令人兴奋的一步，但因为觉得自己很脆弱而感到不适应时，这一刻，就是他们的"顿悟时刻"。

> 所有这些围绕你求职面试的未知和情绪的因素都归结为一个事实，那就是我们从未真正从六年级毕业。

不需要心理学家就能知道这些深深植根于童年经历中的成年人的感受。在这里，我们的目的不是厘清复杂的情绪，识别旧的诱因。相反，这足以让你认识到，你在面试中的感受，在最基本的层面上，和你在六年级时的感受是一样的。你想要被接纳，想要被选中成为团队中的一员，想要赢得胜利。而最根本的是，你希望人们喜欢你。

你的ACT方式（真实的，有联系的，体验到如何与你共事）增加了你被人喜欢和接受的机会。

面试官的思维

基于超过半个世纪的关于"人"的业务,在整个聊天的过程中面试官的大脑在想些什么,针对这一点,我们光辉国际可以讲出来一些内容。以下是一些思考过程,以及如何处理它们:

拿个号码牌

那天早上,当你兴高采烈并且准备就绪走进来,人事经理可能已经见过另外7个人了。花点时间看看对方的肢体语言和面部表情——尤其是眼睛。这个人准备好了,且与你的兴奋度相匹配吗?或者他或她是感觉累了还是无聊了?那就从这儿开始。

你的周末让我无聊

不,面试官不会整个上午等着听一个完全陌生的人讲他在周日是如何洗车的。但是优秀的面试官接受过培训,让候选人放松,从而引导出坦诚的答案。所以,无聊的开放式问题是这个过程的一部分。

"我不知道"

我们被教导过永远不要说这一句话。但是一个好的面试官会在恰当的时机欣赏这句话的诚实度。这比听你喋喋不休地谈论一个你不知道的话题要好。

权力游戏

一般来说,用人经理能够理解你所承受的压力,但是他们面临着巨大的压力来招募到好员工。他们需要掌控局面,这意味着你需要尽可能直接地回答他们的问题,并且知道在什么时候回答……

请离开!

这很苛刻,但是通常面试官会仔细地分配他们的时间。所以尝试仿效所有的"结束语"活动,(那天的)9号候选人正坐在外面!

第九章

面试准备：不要从心理上让自己出局

充分利用前七秒

你可能听说过一个经常被引用的统计数字：人们只需要7秒就可以对他人做出判断。在如此短暂的时间内，面试官需要对你做出关键性的决定，包括你受人欢迎的程度，你的可信赖度，你看上去有多积极或有多被动，以及你是否适合团队中的其他人。事实上，有一门学科来解释这种现象（而且毫无疑问，光辉国际研究机构的领导性人物之一可以给出具体细节），它有助于去了解与他人会谈会激活大脑用于分配给人（和物）价值的部分——从根本上来瞬间判断他们对于我们这个社会性世界的重要性。

基于这种最初的决定（通常是无意识的），你的面试官会决定（可能也是无意识的）是否在面试中帮助你——通过改变措辞提问，给出有帮助的反馈，用口头和非语言的暗示给你保证或者询问你。因此，在本章中我们阐述的大部分内容是关于如何使这7秒钟富有成效。你是如此依赖这至关重要的第一印象，所以你不能把它留给偶然事件，你必须做好准备。

你也不能低估影响第一印象的表面上的东西的重要性。在面试前的几天或几周，你需要处理一些事情。不要把这些细节留到面试的最后一分钟或那天早上。那天你的大脑要留下足够的空间！

这只是可能出错的一部分。事实是，聪明的人，甚至是经验丰富的职业人士，都可能做一些非常愚蠢的事情。不幸的是，在经验丰富、才华横溢的专业人士之间的竞争如此激烈，以至于任何其中的一个"过错"都可以终结一个有前途的机会。

不惜付出任何代价，也要避免面试中的十二宗致命罪过。

> **无论你曾经历过多少次面试，或者你认为你的想法有多好，你都必须做好准备，这样你才能表现出最佳的你——真实，建立连接，让他人感受到和你一起工作时的体会。**

面试的十二宗致命罪过

第一宗罪
说谎、夸张或吹嘘

你永远无法从谎言中恢复过来。你告诉招聘顾问和用人经理你还在上一份工作中任职，尽管你已经辞职了，或者你被解雇了。作为候选人，你想表现得更有吸引力一些，所以你让人觉得你还在那家公司工作。这又能危害到什么？毕竟，你曾经在那里工作过。大错特错！你必须讲述事实。到此为止吧。甚至连首席执行官们都有被解雇的，被解雇不是世界末日。有人会核实你所说的事实，这不是改写历史的时候。如果你这么做，那么游戏就结束了。

我永远不会忘记我的一名下属告诉我的一个故事。我们称之为"约翰"的这位下属，他面试了一位候选人，后来发现，这位候选人曾经就读于约翰的母校。约翰问候选人："你加入了俱乐部还是兄弟会？"候选人回答说："兄弟会。"当然，约翰问哪一个。当候选人说出兄弟会的名字时，约翰回答："真的吗？我也在那个兄弟会。"然后约翰伸出只有这个兄弟会成员才知道的秘密握手手势。候选人不知道该怎么做。他笨手笨脚地想跟着学，然后把手放在膝盖上。"你不是那个兄弟会的成员，对吧？"约翰说。

"不是，"这个候选人回答说，"我想这个面试结束了。"

"是的，"约翰说，"的确结束了。"

一旦你说谎、夸张或者吹嘘，那么你说的或者曾经说过的一切都会变得可疑。如果你认为没有人能够发现真相，那么相信我，总有人会的。

我的一位同事回忆起他早期职业生涯的一段经历，当时，他正与在校学生进行着校园面试。一份简历在他的脑海中脱颖而出，因为这位学生声明他精通基康德语

> **事实比……更奇怪**
>
> 另一位同事分享了这样一个故事：一位内部候选人提交了简历申请一个职位。当我读到他现在的工作职责时，我想，哎呀，这些词太眼熟了。然后我突然意识到：他是从公司内网上的工作描述中抄袭复制的，而这份工作描述是我写的。我在读我自己写的东西！更糟糕的是，这位内部候选人是入门层级职位上的员工，他所精选摘抄的是企业律师职位的职位描述。

第九章

面试准备：不要从心理上让自己出局

（Kiikaonde），非洲中部的一种土语。后来发现，招聘顾问也会讲基康德语。当候选人来到面试现场时，招聘顾问很热情地用基康德语打招呼。没有回应。招聘人员又试了一次，这次慢了一点——只是简单地问候。仍然没有回应。

"我认为你不擅长基康德语。"招聘顾问说。

"是的，并不擅长，"这位学生说，"我参加了这个为期两天的研讨会。我们学了几个词……"

说谎不仅会让人将怀疑的目光投在你是什么样的人上面，也是对面试官的不尊重，面试官可能会感觉到你耍了一个诡计。要真实可信！人们想要知道你是谁，而不是揭露你不是谁。

第二宗罪
穿着就像你在与明星共舞

穿着太僵硬，太紧身，太低胸，太短，太随便。不论是男士还是女士，这种穿着我们都见到过。当然，并不是每个职位的面试都要求正装出席，但是我们仍然需要让自己的衣着得体，以体现出自己的职业化。要了解商务职业装（你需要着西装——男士或女士外套）和商务休闲装（打扮得体但要低调一点）之间的区别。如果犹豫不决，就向你的人际关系网寻求建议。

虽然面试不是选美比赛，但是外表依然很重要。提前计划好你的着装，试穿一下，确保衣服干净、熨帖并且合身。你最不想要的就是在面试中出现"着装事故"。当你走进办公室大堂的时候，没有缝进去的裙摆开始垂了下来，或者西装外套太紧了，扣不上扣子——突然之间，你想不到其他的了。或者在面试开始前，你注意到你的一只袜子是黑色的。另一只是蓝色的，你开始有意识地把你的脚踝藏起来。

你不需要穿时尚服装现身，你的穿着应该与你将要工作的办公环境相符，或是稍微非常规一点的职业装。这意味着你要提前做好功课。

我在光辉国际的一位同事讲述了这样一个故事：他面试了一位高级别的候选人，见面的时候，这位候选人着装凌乱，衣服上都是褶皱，头发也没有梳理整齐。如同我的同事回忆说的那样，"我对自己说，面试可以说是职业生涯中状态最佳的时刻。如果他这个模样就是最佳状态，那么他已经出局了，这不需要多说什么。"

询问你的关系网中那些在你将要面试的公司工作或曾经工作过的人，关于办公室着装的标准。怎样穿着会合适？有时候，内部招聘顾问或人事部门安排面试的人会告诉你。

你不会想要穿成去参加婚礼或葬礼的样

从求职到入职

你的职业形象倒计时

一周之前

挑选面试服装。试穿一下。确保所有的衣服都干净、合身且熨得平整——和将来的工作环境相匹配。你可能会坐在面试官的旁边,所以要注意你的袜子和裤子或裙子的长度。

三天之前

处理细微环节,例如鞋子——抛光没有磨损。

面试当天

在离开去参加面试之前做个"对镜检查"。检查你的指甲(有没有污垢)、牙齿和面部。到达后,一定要在办公室的洗手间做第二次检查。有东西粘在牙齿吗?口气是否清新?使用洗手间。

去面试的路上

不要买或者携带任何可能泼洒出来的东西。只要问问那个面试当天早上从芝加哥飞往纽约的人就知道了。他点了一份番茄汁,途中有气流。想象到那幅画面了吧!如果你是乘坐飞机来参加面试,永远不要忘记检查自己的行李箱。当你着陆时,丢失的行李箱可能意味着一次昂贵的购物之旅。

子,出现在一片牛仔裤和连帽衫的科技公司里。那样,你会显得与环境格格不入,甚至毫不相干。而且你也不想去银行或投资公司面试时,你的穿着看起来就像在和朋友吃午餐一样休闲。

当然了,我们都有自己的穿衣风格,着装只是我们展现自己个性的一种方式。假设你想公司考虑到你做这份工作,那么你真正想要展现个性到多大程度?

我24岁的女儿戴有一个很小的鼻环。我跟她说过很多次了,她应该把它摘下来,尤其是在求职面试的时候。一个周日的晚上,距离她周一上午的面试只有14个小时了,她打电话给我说取不下鼻环。我夫人和我慌了。我们要不要接她去急诊室?去文身店或者穿刺店?

当我们急匆匆地寻找解决方法时,我女儿却声明她有权利做自己。如果她改变了形象,那她还是真实的自己吗?她的确说对了。但是如同我解释的那样,鼻环只是一件可选择的附属品,因此,她需要考虑一下是否戴着它。人们会有最初的印象,根据鼻环形成正面或负面的观点。

我女儿上网查看了公司的网站和脸书上的公司主页,并给她认识的在公司工作的人打了电话。那是一个有着"沙拉星期三"(公共午餐)和"带你的宠物工作"之类的地方。所以,她保留了鼻环。她得到了那份工作,现在她带着她的狗去上班了。

第九章

面试准备：不要从心理上让自己出局

你不会想要穿成去参加婚礼或葬礼的样子，出现在一片牛仔裤和连帽衫的科技公司里。

你的外表——你的仪容仪表、你的发型、你的文身（无论你暴露出来还是把它们藏起来），的确说明了你很多的事情。但它又不是真正的你！记住你的ACT。

你要尝试着去与他人建立联系。你希望表现出你的亲和力，从而得到有意义的对话。这取决于你要想出方法来，如何最好地根据你的"观众"来展示你自己。你想要广而告之的是："我能够胜任，我最合适，我属于这儿。"

说到"适合"，我们还要说说"订书机先生"。事实上，他有点传奇色彩。

身着他最好的康纳利西服，一位候选人走进我们的办公室，与我见面。不幸的是，他一定是很久之前买的西装，而且最近没有试穿，因为这套西装看起来小了一号。可能他没有其他的西装或者没有时间去换。无论什么样的原因，他穿着一套紧绷的康纳利来面试。

当他提前15分钟来到前台时，一切都还好。然而，当他准备在等候区找座位坐下时，传来了布料撕裂的声音。过了一会儿，他又出现在接待处。"你有订书机吗？"他问道。

前台接待员满足了他的要求，那人和订书机一起消失了。然后，在一个无人的小会议室里，传来"咔嚓，咔嚓，咔嚓……"的声音。

当我来到接待处迎接那个人时，我惊讶地看到他手里拿着订书机从会议室里走出来。他的脸涨得通红，衬衫看起来有点潮湿。当他慢慢地在我的办公室坐下时，我才明白发生了什么事。如果没有别的东西的话，他的确很有独创性。而且，我不得不佩服他在压力下的镇定。

事实证明，他并不适合这个职位。我的确向一家公司推荐了他，这家公司正在寻找一个有他这样技能的人，但在我们这些还记得他的小圈子里，他将永远是"订书机先生"。

这个故事的寓意是，提前知道你要穿什么。在面试前一周（万一不行的话，你可以去购物）试穿一次，面试前一晚再试穿一次。你必须确保合身，这样你才能适应。最后，当你心存疑虑时，打扮一下。

第三宗罪
迟 到

考虑到面试的重要性，你可能会认为人们已经准备好——几乎是在停车场踱步，等待进入大楼展示自己才能的那一刻。不要成为那些不幸的候选人之一，他们由于迷路或者低估了路上耗费的时间而迟到。你不会希望你对招聘经理说的第一句话就是"对不起，我迟到了"，同时伸出你汗津津的手同他握手。

守时是一种直接成交或直接不成交的情境。迟到不仅对一直等待你的人不礼貌，也非常不职业化，并与你的ACT目标相悖，让人们体验到了与你共事的感觉。如果你迟到了，你是在告诉别人你不可靠。

如果面试迟到，你可能已经丢掉了这份工作。

如果面试是在另外一个城市或者州进行的，请提前一晚乘飞机到达。如果必须长途驾车，就尽量提前出发。即使面试是在你现在工作的同一城市，你也要做好准备。演练一下从家里或现在的办公室到面试地点的开车路线，这样你就知道如何去那里了。要预留出可能出现交通和意外情况的时间。

做好计划在面试前一小时到达指定的地点或附近。不，那时你不要走进办公室。到得太早，会让你显得业余和迫不及待。这么做相当于在说："请聘用我。我需要一份工作。"你会在你停放着的汽车里，或者在街角的咖啡店里，度过大部分时间。做一些ACT方面的想象。沉思一下对你有意义的事情，这样你才能保持洞察力。然后下车，提前10～15分钟到达办公室。

保持正确的态度

被一家公司邀请去参加面试，是你求职过程中的一座很重要的里程碑。它的意义甚至还要更大。也许你正在面试一个你非常渴望的公司里你真正想要的职位。这将是你梦寐以求的工作！

这一切可能都是真的，但你必须保持正确的态度。当你想给面试官留下深刻的印象时——展示你的长处，突出你的成就，说明你如何能给公司带来改变，你不能把这样"生死关头"的情绪带入到面试中。如果你把这种感觉带到面试中，你会散发出焦虑和不顾一切的情绪出来。

尽管这很难，但你需要稍微分离一下。一种方法是给自己一个影像，关于你生活中重要的东西。在手机上放一张照片，可以是某个对你来说特别的人，也可以是你的宠物，你喜欢去的地方，或者你喜欢的活动。或者在口袋里放一张鼓舞人心的小照片。当你准备面试时，用那张图片或照片提醒自己你现在的生活中拥有的美好事物。当你面试前坐在车里或咖啡店里的时候，让这个形象渗透到你的脑海里，让你平静下来。这是奠定你生活的基石，提醒你不只是你的工作。你的头衔和薪水并不能决定你的身份。你的生活质量，你的人际关系的意义，别人对你的感觉和你对他们的感觉——这些才是最重要的。

第九章

面试准备：不要从心理上让自己出局

第四宗罪
不做功课

人们总是错过这一点，他们去面试的时候并不知道公司是做什么的。要不然，他们会在这次面试和两天之后的面试之间感到一丝困惑。不管是什么原因造成的困惑，如果你犯了这个"罪"，那么就是你对公司了解不多，这一点对相关人士来说就会变得显而易见且令人烦恼。举一个恰当的例子：当招聘经理提到"乔·史密斯"时，你脸上露出困惑的表情，然后问："那到底是谁？"这不是明智之举。招聘经理回答说："我们的CEO。"

尽可能多地去了解这家公司——它的领导团队，它当前的成功和挑战，它的历史。如果可能，获得一些公司产品和服务的第一手体验：购买它们并试用，与使用它们的人交流。在面试中运用你的大脑。如果你和百事公司会面，对方给你提供了饮料，别要可口可乐。一位候选人曾经犯过史上最大的错误，当他与一家知名快餐连锁店的高管面试时，讨论中途，这位求职者弯下腰说："老实跟我说：你不吃这垃圾，对吧？"

对公司、产品、服务和客户有更多的了解，会帮助你在那样的情景中展示你的技能和经验。对招聘经理来说你会显得与公司更有相关性。你越与公司有相关性，你建立的联系就会越好。

不要离开家，如果没有……

- 简历复印件 ✓
- 介绍人列表 ✓
- 一个记事本和一支可以用的笔 ✓
- 薄荷糖（不是口香糖！）✓
- 一个创可贴 ✓
- 纸巾 ✓

但永远不要带来——
你的母亲

我听过无数个母亲安排面试、出现在面试现场、亲自跟进的故事。现在也没有停止过。几年前，我们不得不让一些人离开。其中一个人的母亲打电话来抗议：我们肯定犯了一个错误。她的儿子工作很努力，是个很优秀的人，在学校表现得很好……

切断围裙纽带！否则，就是因为你的母亲而导致你的机会突然消失。

第五宗罪
不知道你将会和谁面谈

你收到一封来自招聘顾问、人力资源部或者用人经理的邮件，邮件上有具体的面试时间和地点。但是你从没有在谷歌上搜索将要与你见面的面试官的信息，也没有在领英上搜索他或她的个人资料。如果你在面试前做过这些，那么你就不会这么说来打开话题："你在公司里担任什么工作？"然后，你会发现这人居然是你的老板。也就是说，他或她会犹豫是否聘用你。

当面试安排好了时，你需要询问将与你面谈的每个人的姓名和职位名称。如果联系你的是招聘顾问或者人力资源部，问问你需要了解面试官什么方面的信息。然后，通过谷歌搜索与你面谈的每个人的信息。你需要找出关于他们的一切信息，这样你才能够确认出潜在的共同话题。这些连接非常重要，因为它们建立了共同点。

学术研究人员进行了大量关于"同类相吸的聘用偏见"的研究。这不仅与性别、种族或者民族背景有关，也与门系背景有关。也就是说，偏见来自于同一社会经济阶层或者共享的其他背景，例如篮球、歌剧、舞蹈等。这并不是要为这些偏见辩护，也不是说它们是公平的。但事实是，人类确实有无意识的偏见，并且倾向于与他们有共同之处的人交往。

你的工作是寻找连接点：你们拥有同一母校，或者几年前你们曾在同一公司工作过。这些都是你坐下来面试时可以提及的共同话题。或者是面试官领英上的个人资料中提及的在社会公益事业中、运动或者活动中的一项个人兴趣。如果你真的有这项兴趣爱好，那么这也是能够发挥作用的共同点。只是要确保这真的是你的兴趣爱好。否则，这方面的知识匮乏会变得非常明显，会给自己贴上"弄虚作假"的标签。

你也可以通过招聘顾问的领英上的资料找到破冰话题。一位候选人留意到招聘顾问的母校，评论道："我看到你在南加州大学读过书。那里去年有一场很棒的玫瑰碗比赛。"

如果你在面试官的个人资料中找不到任何信息，就看看当前的话题：公司刚刚发布了一款新产品，或者CEO最近在美国全国广播公司财经频道（CNBC）公布了公司有积极意义的消息。甚至可以这样开始会谈——"我看到公司刚完成一次收购。那一定是令人非常兴奋和忙碌的阶段……"这可

> **人类确实有无意识的偏见，并且倾向于与他们有共同之处的人交往。**

第九章

面试准备：不要从心理上让自己出局

以是一个有效的开场白和会谈的开端。

还有，当你步入面试官的办公室或者会议室时，寻找有趣的细节，就像你第一次拜访某人的家庭一样。

提醒一句：不要涉及任何与面试官个人生活或家庭有关的东西，至少不要在一开始时就涉及。此刻，评论配偶或者伴侣或者孩子的数量和年龄可能太私人化了。然而，如果面试官问及了一个关于你的私人话题，例如"你住在哪里？"你可以问同样的问题。如果他或她提及了家庭，你可以说说你的家庭情况。记住，你的目标是把面试当作会谈，而不是提问与回答（Q&A）。

第六宗罪
没有与你的成就相关的案例

面试官请你详细说明你在简历中列出来的成就，由于你很紧张，你的大脑一片空白。你一直结结巴巴，甚至想从随身携带的简历中看到点什么。不幸的是，面试官在倾听具体细节，以确定你如何满足工作要求，以及你如何与同事和客户沟通。

在面试中，你给出的例子应当涵盖四个关键方面：面临的挑战/机遇、采取的行动、取得的结果和从此经历中得到的经验教训。

提前确认这些案例，练习将它们简明扼要地串联起来，并且使之具有说服力。然后，总结提炼，从而你可以在15秒钟之内表达出来。接着，自己录音，播放录音听听看你传达的信息如何。你需要展示你所取得的成就，以及这些经验和教训如何使你成为这份工作的完美人选。

第七宗罪
说得太多或太少

面试官会问到你未曾准备过的问题："说说你是如何应对这个挑战的……"慌乱中，你会做以下两件事中的一件。要么你会不停地说下去，寄希望于你能够说到一些相关的东西，要么你会给出一个简短的答案，然后沉默下来。也可能，你会选择第三种方法：你拖延着时间希望灵感突然来袭，问道："你能重复下这个问题吗？"

最好的战略是通过排练来准备。请你的导师或者朋友为你做模拟面试，这样你就能够练习如何清晰且简明扼要地回答问题了。如果紧张会让你变成一座雕像，那么就请教练、导师或朋友进行角色扮演，锻炼你的演讲和积极聆听技能。

你不用记住你的台词，也不要让别人觉得你是在照本宣科。如果你被问及了一个让你为难的问题，你请面试官澄清这个问题也是可以完全接受的。记住，这是会谈。而且，你练习得越多，你就会越能够流利顺畅地呈现出你的经验和成就。

> **为这些面试场景做好准备**
>
> 坐在面试官的桌子或者会议室对面。
>
> 并排坐着，中间没有任何障碍 （这会让你的袜子、裤子/裙子的长度，以及你外表的其他细节更加引人注目）。
>
> 有两个或两个以上的面试官参加的圆桌面试，或与多个人交谈——其中有些人"在忙"。

第八宗罪
没有有意义的问题要问

面试期间，面试官会问："有什么需要我回答的问题吗？"如果你回答说"我很好，谢谢"，就好像有人主动提出要给你的冰茶续杯一样，这表明你缺乏准备和投入。

你必须准备好问题，面试官很有可能会请你提问，这与你回答面试官的问题同等重要。你的问题应当是明智的和有战略性的，探究工作职责或者部门是如何运作的。你问的问题也向面试官展示了你的想法。通过将你的问题轻松地切入到面试中，你会把单向的提问回答环节变成一场对话。

在面试结束时，不要询问面试流程的"下一步"是什么。如果你在面试中表现得不错，你很快会被邀请回来的。相反，你应该告诉面试官你是多么喜欢这家公司，享受这次面谈，以及对这个职位很感兴趣。通过展示、表达和信任来说明你对接下来的面试安排有兴趣！

第九宗罪
表现出急切

通过一些非语言的暗示，比如坐在椅子的边缘，或者通过言谈，例如"我真的需要这份工作"或者"我什么时候能收到你的消息？"你可能会流露出你的急切情绪。

你的非语言暗示可能是无意识的。也许

第九章

面试准备：不要从心理上让自己出局

你没有意识到有多少次你的手臂环抱着紧紧地贴着身体（这会让你显得不友善或者防御他人），或者你在倾听时皱眉。用视频记录一个模拟面试，然后观察你自己：你的语言和非语言信息是能够激起你的信心，还是会触发你的焦虑？

行动胜于雄辩

和你说的话一样重要的是你如何说。注意自己的非语言暗示，以及它们对面试官说了些什么。

进行眼神交流 你会看起来更加自信和友善。避免向下看。否则你会显得思想不够集中，且不太有信心。

双臂保持自由，不要环抱 你会表现出开放的心态，同时保持你的双手能够自由地做手势。

向前/向后坐 身体前倾（但不要靠在座位的边缘）可以帮助你表达自己的想法。如果你在倾听的时候向后靠，确保你的姿势是保持开放的。

站立 好的站姿，双臂下垂在身体两侧，可以给你信心。不要坐立不安或左右摇摆。

微笑 传递快乐和信心——让他人自己感觉良好。

第十宗罪
被电话、短信或电子邮件打扰

在面试过程中，你的手机突然响了，这是短暂却致命的罪过。在你到达大厦前门之前，就需要关掉手机。

如果你忘记关机，而你的电话响了一声，提示来了一条消息或来电，千万不要接。面试时，其他的都不重要。

第十一宗罪
带着饮料（或者更糟——吃的东西）到面试中

前台接待员或者面试官会给你倒杯水。如果这样，可以接受。事实上，你应当请求帮助，就像你到别人家做客一样。水杯在哪儿？如果桌子上有水瓶，主动为面试官倒水。

但是永远不要自己带东西进来：不带咖啡、苏打水、小零食或其他东西。是的，我们的确听过有人解释说她正在午休，问她是否可以边吃边聊。

第十二宗罪
视频/Skype面试时没有"B计划"

面试已经足够困难了。现在,科技也被融合了进来,你担心的事情就更多了:链接中断,信号减弱。如果是Skype或者视频面试,你又多了一项必须避免的致命罪过:没有准备好,一旦可能出现故障(估计会发生)该怎么办。

视频会议面试

如果你要去一个视频会议地点,早点到达,这样你就能调试设备。准备一个备用的电话号码和电子邮件地址以防设备出现故障。请注意,一些视频会议系统在视觉和语音通信之间会有2秒或3秒的延迟。在面试交谈中给对方留点时间交互响应。

Skype和网络视频面试

全面测试你这边的情况。例如,你知道你的Skype密码吗?你不会相信有多少人想要登录时却忘记了密码。作为练习,面试前可以通过Skype与朋友进行几次沟通。你能连接上吗?你看起来是什么样子?如果你坐在几个枕头上,多出来的下巴上的肉会不会少一些?如果你离摄像头太远,对方会清楚看到你的大眼睛吗?声音听起来如何?你练习得越多,你对使用这项技术的感觉就越好。

如果你是在家里通过网络摄像头进行面试,检查一下背景和面前的情景。我记得我通过网络摄像头面试了一位候选人,他的办公桌上放着一个像酒瓶一样的东西。后来证明是一杯冰茶,但是它仍然大大地干扰了我们的谈话。背景要布置得职业化一点。不要在卧室里壁橱门大开的情况下,也不要在厨房里,台面上堆着碗碟的情况下进行网络视频面试。检查一下光线。确保房间里没有宠物或其他干扰物。再一次,与朋友在Skype上进行练习可以帮助你找到网络摄像头的最佳设置、灯光和角度。

为了面试而着装打扮,即使你认为只会露出"头和肩膀"。你可能没有计划在面试的时候离开你的椅子,但是如果你因为某些原因不得不站起来呢?比如可能因为噪声关上一扇门或一扇窗(你应该事先做的事情)。你不想暴露出任何意外。一位求职者参加了布鲁克斯兄弟的网络视频面试,摄像头显示出了腰部以上部位,对这位求职者来说这是一个太晚的教训。但当他的狗轻轻推开门时,他不得不跳起来把门关上,画面暴露出这位求职者只穿了平角裤。

制订B计划,以防停电、网络瘫痪,或者街道维护人员在外面使用手提钻。当你为这些问题做好准备时,一切才会有更大可能顺利进行。

第九章

面试准备：不要从心理上让自己出局

最大的未知数：面试问题

面试准备的最后一步走到了核心部分：面试期间你会说什么。面试官问的问题可能是最平淡无奇的，也可能是突如其来的。你不太可能知道面试会怎样进行——你会被拷问到棘手的问题，还是你会被问到面试101的标准问题。

虽然你不能控制提问，但你可以控制自己的答案。你必须提前准备。无论人们问你什么——从直截了当的问题"你有什么优势？"到稀奇古怪的问题"如果你是动物，你会是什么动物？"如果你有可靠的答案和可以立即使用的简明扼要的案例，那么你将所向披靡。

当你在准备回答下面的问题和提示时，我建议简化一点，这样你的回答就会自然和口语化。想象一下和一个14岁的孩子说话时的情景。

面试准备问题和提示

说说你自己。

不要背诵简历上的所有内容。大约交谈30秒，口语化。我的建议是从个人信息开始——你在哪里长大，在哪里上学，你的家庭，你是什么时候搬到现在的城市的，你为什么选择这个作为职业。简短地总结一下你热爱的东西。

说说你最近的那份工作。

准备好讨论你正在做的事情，这与你正在寻找的职位相关，也适用于这个职位。用简短的故事举例说明要点：挑战、行动、结果、经验教训。

你最大的职业成就是什么？

对这个问题给出一个很棒的回答，就可能让你得到这份工作。讲述一个30秒的故事，带有细节。谈论一个已经克服的问题或一个已经实现了的机遇。

面试准备问题和提示

你的优势是什么？

确定2～3个优点，并分别举出具体的例子讨论。关注与你正在寻找的工作最相关的优势。

你的弱点是什么？

告诉面试官你"工作太努力"或"关注太多"都不会有什么好处。公司需要你真正的答案。举几个你正从事的领域的例子，可能是你在上一份工作绩效评估中突出的一些东西（或者是你在这里或者在KFAdvance网站上的评估中暴露出来的缺点）。

你曾经面临的必须要去克服的问题、挑战，或者失败是什么？你是如何做到的？

除了在答案中突出你的技能和胜任力之外，你还可以展示你的目标导向、职业道德、个人承诺和诚信，克服许多或者有重大意义的困难以获得成功是需要这些品质的。证明你快速恢复的能力很强。

你能描述这样一个情境，在此情景中，你发挥了主动性达成目标吗？

你的面试官正在听你举例，说明你是如何具有前瞻性和结果导向的。描述你的动机，你是什么时候付出额外的努力，以及发挥你的创造力来解决这个问题，或者将机会转化为现实。

你为什么想在这里工作？

你对公司了解多少？这是一个讨论"匹配因素"的机会：你欣赏公司的哪一方面，它的使命和宗旨，它的产品和服务以及文化。

你会带来什么价值？

我们为什么要聘用你？挑选2～3个主要因素，这些因素是关于这个工作的，以及你如何满足这些任职条件。用一分钟时间来讨论具体细节。举例突出说明，包括你的技术技能和你的管理技能，这使你非常适合这份工作。（对于较初级的职位，你可能会花更多的时间谈论技术技能。但是随着你的发展，你需要强调你是如何与他人共事，如何激励和管理他人的。）

5年之后你想要在哪里？

要有追求，也要面对现实。如果定的目标太高，你会显得不成熟。在5年里，有一或两次的职业变动是合理的。

第九章

面试准备：不要从心理上让自己出局

你的心理游戏

为面试做准备是成功的一半。关于公司、产品、企业文化、工作机会、面试官，你知道的越多，你就会感觉越有信心，你就会有更好的机会与面试官建立连接。就像面临着一次你没有学习过的几何测试，你要表现得很放松和准备得很充分，而不是紧张和焦虑。

不要在心理上让自己出局！专注于你的心理游戏将帮助你避免出错，并展现出你自己的机智和战略性。你会将自己的ACT（真实，连接，与你共事的体验）结合起来，并且加以练习，这将成为你的第二天性。

第十章

将你的ACT付诸行动

五种风格的面试官	171
顺势而为	174
如何能够脱颖而出？	177
应对意想不到的问题	178
下一步安排	181
会见高级别领导者	182
工作邀约	183

这种状态,就像你正渐渐融入高速公路车流中。从左肩看过去,你能判断交通的速度。你不能以每小时20英里的速度爬行,也不能猛踩油门,把速度提高到80英里。你前进的快慢并不取决于你,而是取决于路上的其他所有人。要安全地融入其中,你必须如字面上的意思那样做,跟随车流。

面试也是如此。无论你准备了多少,你都必须适应面试官的内容和节奏,并且要实时地去做。你可能会遇到一位经验丰富、熟练的、善于提问的面试官。或者,你可能会发现自己面对的是一个不能胜任的面试官,他做事毫无条理,注意力分散。你不能计划到这些,你必须视情况而动。

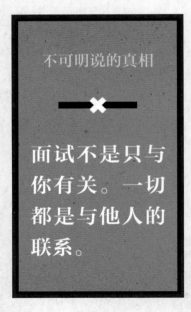

不可明说的真相

面试不是只与你有关。一切都是与他人的联系。

第十章

将你的ACT付诸行动

好消息是，准备了这么久，你已经成功了一半。你知道了你是什么样的人：你非常了解自己的优势和不足。这份自我认知使你能够真实地展现自己。此外，你还努力去了解公司和它的文化，员工的穿着，以及面试官的背景和兴趣爱好。所有这些因素会帮助你打造人与人之间的连接。再者，你排练了故事和案例，你就可以用一种有意义的方式来描述你的成就，并与你所寻求的职位所需的技能和专业知识相关联。

这就是将ACT付诸行动。

但是要记住，你的准备工作只与你自己有关，而面试本身并不只是与你有关！面试是与用人经理、其他团队成员以及你遇到的每一个人相关联的。

我把这种动态的场景比作第一次到别人家里做客。为了表示尊重并与主人建立起人际关系，你需要遵守礼仪。你在垫子上擦脚，可能比在自己家里更小心。把鞋子脱到门边，如果这是这户人家的惯例的话，可能会让你有点不舒服，但无论如何你还是要这么做。你很放松并且面带微笑，伸出手与人握手。你要留意坐在哪里，确保没有自以为是地坐在主人最喜欢的椅子上。你耐心而周到。如果提供饮料，你会主动帮忙，绝不把杯子或咖啡杯留给别人清理。整个会谈遵循着互动的方式使人们得以了解彼此。

在面试时，你要遵循同样的访客礼仪。你的注意力放在"主人"身上——在这里，就是面试官。你微笑着与人交流眼神。当你仔细聆听问题时，你要注意他们的语速和节奏，读到面试官的语调和身体语言。如果你做到和他或她步调一致，信息交流将会更放松——就像是谈话而不是审问。

但并非所有的面试官生来都是一样的。有的人的问题会火药味十足；有的人提问会漫无边际，没有一个明确的观点。一切取决于你的灵活变通和适应能力。无论"主人"是轻松和欢迎的，还是态度生硬和谨慎的，你都永远要保持优雅访客的仪态，持之以恒地按照ACT来行动。

五种风格的面试官

面试有点类似于狂野西部：每个人都在按照自己的方式行事。一些人坚持按照标准的提问和回答方式照本宣科，其他人大部分时间都在说话，有些人喜欢扔出些古怪的问题看你的反应。但是真正的变数是面试官。一些用人经理非常善于面试，一些尚可，还有一些则是糟糕至极。总体来说，基于风格和面试方法，可以把面试官分为五种类型。你可以在每个行业和公司的各个级别上都可以发现这些类型的面试官。

1 将军型

这种类型的面试官讲究实际，不拖泥带水。他们可能会坐在你对面，在你们两人之间——他或她的办公桌或会议桌上，放一些东西。这让将军型面试官自动处于掌握权力的位置，这对你来说可能有一点挑战。

这类面试官的态度是直接的、职业的和非个人化的，他们对你能够为这份工作带来的价值更感兴趣，而不是你的个性。他们很可能是令人生畏的面试官，提问简明扼要，也期待简洁的回答。

尽管一开始面试官不会和你有太多的闲谈，你还是应该看看他们整洁且井然有序的办公室，找出可能的连接点。可能是一张照片、一幅画，甚至是窗外的风景。将军型面试官更喜欢简练的有结果导向性的回应，但是不要忘记你的"访客仪态"——微笑、友好、尊重。如同面对所有的面试官一样，你会准备好讲述一些简短的逸事和案例，将你的经历与公司的需求有效地结合起来。不要忘记问将军问题。这是一场对话，而不是原地待命的考试。

2 脱口秀主持人型

面试官的工作就是要确保人们喜欢彼此——就像他或她。脱口秀主持人型面试官会热情地接待你，尽量让你感到舒适，会花很多时间与你闲聊。大多数情况下，你们会在面试官的办公室里见面，那里会暴露出面试官的风格和个性：照片、艺术品、纪念品和他或者她个人生活的其他的一角。这位"脱口秀主持人"可能会坐在你旁边，这么做会让你消除戒心——这就是关键所在。当你坐在面试官旁边时，你更会有可能放松警惕。当你与"脱口秀主持人"建立连接时，谈论个人兴趣可能是最容易的，尤其是当你们有共同的观点时。

"脱口秀主持人"不太关心你的经历细节，而更关注你如何融入公司的文化和环境。面试官会说"我们"，强调对公司的承诺。你需要做出相应的反应，表现得也很友好，突出你的人际交往能力。

第十章

将你的ACT付诸行动

③ 科学家型

这种类型的面试官善于分析，他们想知道的是你打算如何做出贡献，而对你现在正在做或已经做的事情不太感兴趣。科学家型面试官欣赏冗长、详细的回答，可能会对太短或缺乏细节的答案感到沮丧。

通常，科学家型面试官比将军型更有风度，比脱口秀主持人型面试官更直接。（不要忘记ACT。这一直是你的行动指南！）科学家型面试官是有效的决策者，他们根据很多事实做出评估。因此，这类面试官会实事求是地做出反应，并列举具体的例子做出回答。他或她希望确定你在多大程度上适合这份工作，你应用到问题中的技能和经验如何，以及你能够取得的结果如何。

④ 无能型

无能型面试官可能会信口开河，表现得毫无条理，甚至可能对你申请的职位都不清楚。此时，你最大的希望就是掌控面试，并给出会谈的框架。事实上，作为这次面试的"谦和的来访者"，你应当承担更多的"主人"的职责，主动提供信息，尽量地引导提问。当你主动地对你的技能和成就进行总结时，你就能够帮助那些无能型面试官了解关于你和你的技能的必要信息。

⑤ 一无所知型

这类面试官会立即承认没有读过你的简历，甚至不知道你要面试的是什么职位。当你听到"你来这里是申请什么工作？"时，你的心沉了下去。但是一无所知型面试官做得并没有与其他类型的面试官有什么不同。他或她只是更加透明化了一点而已。如本书前面部分陈述的那样，用人经理最初只会花几秒钟扫一眼你的简历。即使他们更仔细地研究简历，也可能只花了不到5分钟（可能更少）。仅仅就这个原因，你就应该在面对所有面试的任何一种类型的面试官时，假设他或她并没有真正读过你的简历。

不要为此感到沮丧，正视这种情况。踏踏实实遵循你的ACT，寻求连接点，建立开放和放松的会谈。有了这种方法，即使是对一个一无所知型的面试官，面试也能取得成功。你可能会因你给面试官的感觉而脱颖而出。

> **注意细节**
>
> 当我与某人见面时，我更喜欢并排坐。这样更有人情味，更受欢迎。但它也让人们关注到了小事情，比如一个人穿着万花筒似的袜子。一旦我注意到它们，我就不由自主地时不时地瞄一眼它们。不管他出于什么原因要做出这样的时尚宣言，袜子总是让人分心，尤其是在我们第一次见面的时候。小细节——袜子、裙摆、擦亮的鞋子、钩丝和污迹，都是很明显的，当彼此坐得很近的时候，就会突然变得很重要起来。

我不能说谎（特别是在面试中）

在本书中，我曾告诉过你多少次不要说谎？然而，麻省大学的一项研究发现，在求职面试中，有相当多——81%——的参与者在说谎。据计算，每15分钟的面试就有2.19个谎言！哇，你会惊讶地叫出来。

当然，说谎的程度有不同，这只是研究的一项。但是当你坐下来面试的时候，要记住这一点。要知道，即使是最优秀的人，想要一份工作的压力也会让他们产生这种不幸的倾向。

81%的人在说谎！

顺势而为

一般来说，面试会遵循一定的流程，包括三个阶段：开场、中间阶段和结束。现在让我们了解这三个阶段，以及我们如何才能提升我们的ACT。

开场：瞬间连接

大多数求职者都认为，面试开始时，招聘经理会来到前台迎接他们，或者由其他员工陪同他们去经理办公室或会议室。

实际上面试从你进入公司园区或大楼的那一刻就已经开始了。这就是为什么你要特别注意，对每个人都友好：停车场服务员、保安、前台接待、维护人员。这么做不仅是出于礼貌，也是你"在"面试之路上的每一步。

当你步入大门时，应面带微笑，友好地问候他人，在保安那里安检，然后来到前台。要明白，无论你与谁打交道，无论打交道的时间多么短暂，都是你"面试"的一部分。不，他们不是伪装成"植物"来监视你的。但用人经理经常会问员工："今天你们中有多少人和某某人打过交道？你们觉得怎么样？"

第十章

将你的ACT付诸行动

我听说过许多这样的故事，候选人对前台接待员态度粗鲁，仅仅因为这个原因，他们没有被邀请回来参加第二轮面试。我还听说过这样一位候选人，她在靠近CEO办公室等候区内，与调整通风口的维修人员聊天时态度礼貌尊敬。几个小时后，维修人员在看到CEO时，说了起来："今早上来的那位女士很友好也很有趣，而且很容易交流。"CEO认真地采纳了这项"建议"。

一旦你的面试步入正轨，最初的这段时间通常专心于建立亲和关系。这比面试官用7秒钟时间匆匆对你做出判断用时要长一点。面试官会用2~5分钟建立亲和关系，常用的方式是闲聊。例如，如果你是来面试路途遥远，面试官会问及驾驶或者航班情况。或者面试官会谈论一下天气。请再次善意回应，就像你第一次在别人家做客一样。这对你来说是一个机会，你可以通过你的信心、泰然自若和职业表现来展示你的真实性。通过言谈举止，你表明自己真正有兴趣去了解对方——甚至比为了这个职位而"推销"你的技能、经验和成就更感兴趣。

同样，在初始阶段，注意你周围的环境。你看到的东西可能是开启谈话的最佳开场白。比方说，你目光所及的地方，有一件用人经理展示的体育纪念品。如果你是这项运动的粉丝，那就很容易建立起良好关系。在初始阶段结束展开严肃话题时，你应该感觉到和面试官之间的联系。如果是这样，这种感觉可能是共同的。

中间阶段：体会到你的贡献

面试的中间阶段最为重要：通过现在这个机会，针对你的背景是否与公司确定的需求相符合，进行信息交流。你和面试官会参与到这个互动的谈话中，并且了解彼此。你表现出如何为公司目标的实现做出贡献，与此同时，你也了解了这个职位的更多信息。

做有礼貌的客人，而不是忠诚的狗

我的一位同事讲述了他早期职业生涯的一段经历。那是他第一次参加求职面试，一位招聘经理带着他来到一间会议室。窗外就是太平洋的风景，阳光照在海面上波光粼粼。当招聘经理来到窗边时，我的同事，那时他才二十出头，也跟着来到窗边。他就站在招聘经理旁边，肩并肩，等着招聘经理的进一步指示。"我只是调整一下窗帘，光线太强，"这位经理说，"你可以先坐下。"我的同事局促不安地坐了下来，有点尴尬。所以明智的是，做一位有礼貌的客人，而不是一个有样学样的人。

> **"这是交谈,不是审问"**

要做

- **冷静下来**
  - 保持洞察力
  - 带着你喜爱的人或物的照片
- **要真实**
- **提前吸引住面试官**
  - 尽可能了解你要见面的人的一切信息
  - 确定共同话题
- **充分准备**
  - 做好功课——了解公司的背景、产品/服务、领导层、目前遇到的挑战
  - 了解公司文化
  - 做个简短的电梯演讲
- **对可能出现的问题做简洁陈述**
- **表现出热情**
- **结束时,表达强烈的兴趣**

不要做

- **过于热情或过于恭敬**
- **自大**——似乎对于这家公司这个职位,或者日常生活,你比面试官了解得还要多
- **漫无目的地交谈或者说得太多**
- **太个人化**
- **贬低你现在的工作/公司或以前的雇主**
  - 你的下一任雇主希望你能带来什么;而不是你逃离什么。
- **害怕说"我不知道"**

第十章

将你的ACT付诸行动

如何能够脱颖而出？

在面试的中间阶段，另一个增加价值的方法是，更加有战略性地思考对于这个角色，有什么可以让你与众不同。显然，你有合适的条件；否则，用人经理不会邀请你去面试。但是竞争是激烈的，所以，你必须假设你所面对的每一个竞争者都同样有资格，有些人甚至更有资格。

你需要给面试官们留下深刻的印象，因为他们体会到了你加入到他们组织和团队后会是什么样子。一种途径是，人们基于你的职业和背景而产生的对你的看法和假设，你要对此有所了解。我说的不是负面的观点。但是即使是积极的假设仍能够限制人们来了解你及你的一切。

最完美的例子是军队领导者，他们以纪律严明、忠诚和使命为导向而闻名，这些都是组织所看重的优秀品质。在面试中，一位退伍军人展示出了这些期望的品质，但也讨论证实了一些意想不到的东西——例如，一个富有创造力和想象力的思想家将会真的脱颖而出。

意识到人们由于你的职业或背景而产生的对你的看法或假设。

或者思考一下，以一位拥有哈佛大学MBA的人为例——一份非常显赫的文凭。聪明的候选人可能会为了平衡这一特征，表现出真正的谦逊和学习的意愿。他或她可能这么做的时候会说："我总是向每个人学习。"

这一概念也适用于拥有其他背景/简历的情况下，比如你给人的印象是在一家公司工作了很长时间，或者你是一个"跳槽者"，或者你在你的工作经历中有太多的空白，等等。准备好去真实地主动地处理人们对你的这些看法。不要让别人的看法成为你的现实。

最终，你能脱颖而出的最好方法就是向用人经理展示你如何为组织增加价值。管理者有必须实现的具体目标，你面试的目的是展示你能如何切实地帮助他们达成目标——让你的新老板看起来不错。

从求职到入职

应对意想不到的问题

"装满这个房间需要多少个篮球？"

"到达楼顶需要几刻钟？"

作为面试的一部分，你可能会被问到一些意想不到的问题。面试官并不是要寻求一个正确的答案。相反，他或她想要捕捉到你的反应，来看看你是如何应对这种意外情况的。更为重要的是，面试官想要发现你是如何思考事情的。

你会如何回答下列问题？

你曾偷过旅馆房间里的东西吗？如果有，是什么？（从床头柜上拿一支笔被认为是偷窃吗？）

你最近读的一本书是什么？
你最喜欢的音乐家是谁？
你开车的时候会想什么？
你的榜样是谁？

当我在面试中使用这种提问策略时，我常常会对他们的反应感到惊讶。有些人拿出纸做计算，得出答案。另一些人猜了答案，然后进行有根据的推测。有些人用一个古怪的问题——"如果你写了一首歌，那么歌名会是什么？"或者"你怎么做金枪鱼三明治？"并把这个作为一个讲述自己小故事的机会。

但有些人甚至不去尝试。他们只是盯着我看，甚至抱怨："你为什么要问我这个？"他们完全没有抓住要点：这些奇怪的问题只是用于观察他们是如何处理意外情况的，如何创造性地思考，以及如何片刻间进行调整。这些问题可能只是展示你是谁，以及你多大程度上适应企业文化的准入证而已。

十件事
面试官最看重的十件事

1. **文化契合度** 你能与公司、部门或团队中的其他人很好地合作

2. **动机** 是什么驱动你成功

3. **技能** 对初级职位来说几乎全是技术技能,对于有经验的高管来说是管理和领导技能

4. **领导力潜质** 你是如何领导你自己和他人的,有一天你会被培养成有能胜任领导职位的能力

5. **沟通技能** 你的讲话和聆听的能力

6. **体态和外貌** 你如何展示你自己,客户或者顾客会感受到怎样的你

7. **解决问题的技能** 你擅长通过显而易见的或者已经做了的事情来找到解决方案的能力

8. **人际交往技能** 你是如何与他人互动的,你如何让他们感受到

9. **有意愿去承担责任** 当你尝试创建"新的和不同的"任务,且意料中会"快速失败"时,你会如何反应

10. **压力下良好工作的能力** 能够在不失去冷静的情况下应对工作压力

面试官看重的是一种能力,是有一天你有能够被培养成能胜任领导职位的能力。

面试结束阶段

在预定时间结束时,你可能会感觉到讨论也正在结束。你的面试官会开始总结,或者主动提供一些关于"下一步"的信息,比如,你会遇到其他的团队成员。

在这一点上,不要尝试推动面试的下一步。面试对你来说可能关系重大,但是对招聘经理来说却不是,他们还要去见其他人或者回去工作。与此同时,很重要的一点是,简短地重申你对这份工作的兴趣和热情,并为接下来的流程奠定基础。总结一下为什么你认为自己适合这个组织。询问一下面试官,他或她是否还有其他想知道的情况,你能详细说明。面谈过程中还有哪些需要你澄清的?他或她对你所说的一切有什么疑问需要现在回答的?

最后,用你的语气和肢体语言坚定地表达出你对这个职位的兴趣和对公司的热情。然后,直截了当地走出去。

说谢谢你!

通常的做法是给面试官发一封感谢信,感谢他或她给你这个机会,并重申你对这个职位的兴趣。这应该是电子邮件还是手写的便笺呢?两者都可以。通过电子邮件,你的回复会实时收到。手写的便笺是一个很棒的后续行为和个性化的接触。但你不能确保它通过邮政系统和收发室会顺利到达。通过这两种方式发送感谢信,你回避了风险,确保你说了"谢谢"。

一位申请管理职位的求职者想要确保他的感谢信被收到,所以通过联邦快递寄出,尽管地址就在城市的另一端。可交付性得到了保证,而且很有可能是面试官而不是工作人员打开信封。

第十章

将你的ACT付诸行动

下一步安排

如果你被要求参加另外的面试,你很快就会知道这个安排的。很有可能招聘经理会用一周或更多的时间会见其他的求职者,然后决定谁将进入下一轮面试。事实很残酷,你等的时间越长,你进入下一轮的可能性就越小。不要让你的生活停滞不前。竞争是激烈的,无论你多么想要这份工作,很多过程都是你无法控制的。继续利用你的人际关系网络,不断寻找其他的机会,与其他公司交流。

如果你被召回,你很可能会和团队的其他成员见面,并为多次面试做好准备,即使是一个初级职位。随着筛选流程的持续,你可能会被分配一个任务。例如,你可能被要求提供你对这个角色或战略的想法。你可能需要提交一份书面文件,做一份演讲,或者两者兼而有之。

在这个过程的某个节点上,你可能会参加测评,以确定你的优势和发展领域。成熟的公司可能会利用评估结果来在后续面试中量身定做问题。

如果你在与团队的面试中遇到一个比你资历更浅的团队成员,不要感到惊讶。有时,这让经验丰富的人感到惊讶,他们不明白为什么要与可能向他们汇报的人见面。通常这种做法是为了探查文化契合程度。无论出于什么原因,你都要坚持使用你的ACT与这个人互动,就好像他或她比你更资深。这是黄金法则:以你希望的方式对待每一个人,你永远不会犯错。

多轮面试的最大挑战之一就是让你自己保持新鲜感。你可能会很自然地开始怀疑,我是不是已经说过了?我还记得我在投行工作时的那种感觉,当时我是一个路演团队的一员,负责做投资者演讲报告。有时,我们会在一天内会见八个不同的投资集团,在晚上飞往下一个城市,然后在早上重新开始。不管这对我们来说是不是重复的,我们都必须让每一场演讲看起来就好像它是唯一的一场一样。

同样的道理适用于你的第三轮或第四轮(或以上)面试中。不要认为你可以跳过序言部分,因为不同的面试官已经交换了笔记。当6号面试官问你"那么,谈谈你自己"的时候,记住你的ACT,然后像第一次听到这个问题一样回答。

> **多轮面试的最大挑战之一就是让你自己保持新鲜感。你可能会很自然地开始怀疑,我是不是已经说过了?**

为……做好准备

测评是面试过程的一部分，其结果会直接影响到在后续面试中对你的提问（特别在成熟的公司中普遍使用）

毒品测试，背景检查和犯罪历史审查

社交媒体审查（如我们在第七章中提到的）

还有……保持新鲜度，始终保持ACT意识，并且，总是像你第一次即席回答问题一样回答问题

不要做出假设；即使你已经被列在最终名单上，也还没有得到这份工作

会见高级别领导者

根据你所面试的职位的级别和公司的规模，你可能会与CEO和/或其他的高级领导者见面。

在小公司，会经常性地见到CEO，即便你面试的是初级职位。

在较大规模的公司，高管职位，比C-层级低1~2个级别的最终一轮的候选人，可能会被安排与CEO见面。

直接向CEO汇报的求职者可能会与1~2位董事会成员面谈，不包括CEO本人。

与高级管理人员见面可能会有点恐惧，尤其是还是你第一次的时候。只要记住你的ACT原则就行——真实尤为重要。在过去几年里，我曾有很多机会面见总统、首相、娱乐界名人和艺人，公司规模大小不等的CEO，他们都是令人印象深刻的人物。我还记得早些年我与比我资深很多的高级管理人员见面的情况。我从所有这些经验中提取出来的建议是保持洞察力。这些人并不简单地是职能或头衔；他们不是神，也不是万能

第十章
将你的ACT付诸行动

的。他们是和其他人一样有着同样的兴趣和压力的人。他们有家庭，他们希望得到爱。大部分人是真的对他人感兴趣。表现出尊重、真实，而且不要忘记，当你被带进来面见一位高级领导者时，其实只是一个人在与另一个人对话。

工作邀约

现在这一时刻终于来临了——工作邀约！这是改变你生活的时刻。这一天可能会在你的脑海中萦绕多年。但是，如果人事经理或用人经理看上去不太兴奋的话，也不要失望。他或她很可能专注于就薪酬、职责和开始工作日期与你达成一致。如果这份工作已经空缺了很长一段时间，人力资源部的人会在压力下尽快把所有的事情都搞定。通常很容易发现这是否是事实，如果真是这样的话，就会增加你的优势。你还需要再想些什么呢？

确保把工作邀约拿到手

不要在公司发出邀约之前就开始提要求、谈判，从而对自己不利。而且，也不要对部分口头邀约做出回应："你觉得X的薪水怎么样？"相反，你可以给出这样的回答："我希望能看到完整的雇佣邀约，联系前后关联的背景，再来谈谈这一点。这样，我就不需要再提出问题，来占用你的时间了。"只需要回应公司的正式书面邀约，或者至少是一份条款清单。

一切放在桌面上一起谈

你不要一件一件地谈相关的条款。如果你不断地回复"还有一件事"要讨论，那么你会让对方失望，而且，你会破坏这个工作邀约的。

在开始之前了解你的优势

公司需要你，而且很可能愿意就你的薪酬和雇佣条款的某些方面进行谈判。你可能会得到更高的薪酬、更多的假期或其他福利。对高级职位来说，可谈判的内容会更多，包括签约奖金（通常薪酬在六位数上下的职位），其他的非货币福利，以及整体性支付，以补偿由于离职而损失的前雇主的奖金和其他激励性收入。

对于初级职位来说，你可能会在薪资、额外的带薪休假或灵活的工作安排上有一些谈判优势。开始工作后，不要试图改变你的工作安排；提前协商，达成你和雇主都可以接受的方式。当公司提出邀请并希望你加入时，你从不可能会有那么多的优势来谈判！

作好功课，了解这份工作的价值

调查你正在面试的这个求职市场，以及任何适用于与你级别和经验相当的津贴或奖金。我的一位同事举了她女儿的例子，一位毕业于常春藤学校的工程师，正在与波士顿的一家雇主谈判工作邀约。根据该区域求职市场的竞争程度以及这位年轻女士的科班背景，她拿到了高出原来邀约的30%的薪酬奖金。

理解公司有自己的薪酬理念和战略

对于中高级职位来说，公司可能会决定支付有竞争力的薪资，即按"中位值"支付。或者一家公司可能会支付低一点的薪资，例如，对于同类公司同样的职位，在可比薪酬范围内，按25分位值支付，然后，提供更多的业绩提成。反之，公司可能会决定为人才"高付"薪酬，特别是聘用那些有经验的外部人才，会按照75分位或者更高来支付。不管是什么样的薪酬方案，公司通常都有一个人才战略来解释他们的薪酬体系。

如果你所在的城市或州，允许你未来的雇主问你现在挣多少钱，不要夸大这个数字。说实话会给你带来诚实、坦率和信任。

带着价值理念进入谈判过程

专注于你为团队、部门和/或公司实现目标所带来的价值。价值理念能让你远离傲慢或贪婪，也能防止你低估自己。

了解竞业禁止协议

希望在深入到这个过程之前，你能够了解到所有的就业限制。但人们有时会惊讶和沮丧地发现，多年前他们与现任雇主签订了一份竞业禁止协议，该协议禁止他们为竞争对手服务。如果这带来了麻烦，你可能需要聘请律师。

此外，如果你的新雇主想要你签署一份

记住，每一步的ACT都对你获得一份工作起到巨大的作用。

第十章

将你的ACT付诸行动

竞业禁止协议，你要确保你理解了条款和含义。尤其是在科技行业，有着严格的协议。我最近遇到了一位斯坦福大学工程专业的毕业生，他刚从大学毕业就接受了一家领先的科技公司的工作，要求他签署一份6年的劳动合同，其中包含大量的竞业禁止条款和不招揽员工条款。不要在不了解新工作和职业发展的情况下签字。

第十一章

你的下一份工作

变得不可或缺——尤其是对你的老板来说	191
学习所有你可以学到的东西	192
网络，网络，网络！	193
在不确定的世界里做一个异类	195

> 恭喜，你得到了一份新工作！
>
> 现在该考虑下一份工作了。

倘若你经历了一切最终得到了这份工作，这可能会对你带来一些冲击。你的第一个想法就是休息一下，将自己从那堆"求职资料"中解脱出来。这一想法可以理解，但不够明智。

除非你是遵循着本书中的建议并找到了一份合适的工作，否则你要马上做出改变。但是，没有什么比在新工作中脱颖而出更能促进你的职业发展了。你以前听过，也知道这是真的：找到新工作的最好时机就是你有工作的时候。

所以，你打算什么时候开始？在经历过找工作的所有这一切之后，不要失去动力，在开始新工作前专注于休息和度假上面。提前联系你的新老板，询问有什么准备工作需要你去做。大部分老板会说，不需要，但这不影响你去问。或者，你可以利用这段时间了解公司的架构、财务状况和最新的发展情况。你肯定不想被所有人都知道的消息蒙蔽住："你是说，她不再是首席执行官了？"你也不想在第一天就提出一大堆愚蠢的建议，让你的招聘经理希望他或她从未给过你这份工作。

再作一次文化调查，特别是着装风格。"太心急的萨姆，"我们这样称呼他，他给我讲了一个故事：在开始新工作的第一天，当他去公司的一个分支机构见他的上司——一位部门负责人时，他穿着自己最好的华尔街西装。萨姆没有意识到分支机构的着装风格更休闲，当迎接他的人都穿着卡其裤时，他感到很惊讶。上班的第二天，要到几英里外的总部与人力资源部会面，他换上了自己最聪明的便装，看上去很随意，他真的为自己的粉色针织衫感到骄傲，结果发现，那里的每个人都穿着整洁的商务专业服装，包括领

新工作的挑战：在与你的同事每一次交流中，他们在谈话后会比之前感觉好一点吗？

对你的新工作的十项小贴士

1
第一印象是永恒的——让它们起到重要作用。

2
做第一个来的人，最后一个走的人。

3
不可或缺，尤其是对你的老板来说。

4
成为全面学习者。

5
以公司里其他人没有的专业知识而闻名。

6
网络，网络，网络。

7
不要在饮水机旁闲聊或说别人的坏话，永远走正途。

8
不要萎靡不振，给予他人以活力。

9
写之前想一想，电子邮件是没有上下文备注的。

10
时刻全神贯注，绩效高于一切。

从求职到入职

带和夹克。

不管出于什么原因,当公司的大门最终向你打开时,一些努力工作的求职者都会放松了警惕。但事实是,你的职业旅程刚刚才向新工作进发。"对你的新工作的十项小贴士"(第189页)是一些基于长远考虑的想法。

你现在的工作不是它主动来找你的,你的下一个工作也不是。但是你可以带着三种基本策略来开始向你的下一份工作进军:变得不可或缺,特别是对你的老板来说;尽己所能去学习;建立人际关系网络就像一场身体接触性运动,这意味着从另一个人开始,从你能为他或她做些什么开始。

观望,一直在观望

正如前面提到的,一份工作的平均任期持续缩水。对于年轻人来说,还不到5年,他们通常在32岁的时候会换了四份工作。接受这一现实,超过一半对自己工作满意的人说他们会对新工作持"开放"态度。正如你可能预期的那样,千禧一代甚至更习惯于新秩序:约70%对自己的工作感到满意的人仍然愿意接受新的工作。

第十一章

你的下一份工作

变得不可或缺——尤其是对你的老板来说

当你开始工作时,忘掉你的职位名称或你的角色的技术性描述。你真正的工作只为一个人:你的老板。是的,老板——我们很多人在和这个人共事时都会产生麻烦,甚至为此错误地放弃了工作。向自己发誓,确保这段关系是完美的,并将这段关系定位为帮助上司成功。我们知道立于成败关头的是什么:你的老板对你目前的工作和未来的影响最大。他或她是你获得延展性任务、学到新的经验和得以晋升的门户。需要同事的帮助吗?想要一个新项目吗?获得全球经验是你发展的下一步吗?这些发生与否都取决于你的老板。

任何关系的出发点(和沸点),包括和你的新上司的关系,都是沟通。我发现很多经理和领导者都是糟糕的沟通者。再结合这样的事实,大多数新员工都在某种程度上对新老板感到恐惧,那么结果可能就是一场灾难。假设你的新上司没有明确地列出他或她的期望、目标或指示,那就进入这种关系。用谦逊而不是胆怯的态度来处理这种新的关系。倾听(不是听见)以吸收老板的信息及其含义,并且询问澄清问题,以确保你完全理解老板的期望。同样,确定提前的"报到"日期和舒适的沟通途径。这将有助于确保你不仅达到了老板的要求,而且超出了老板的期望,并且你会接受建设性的批评建议。信不信由你,在现实世界中,你可能不会在没有询问的情况下得到反馈。所以去问吧。

为了让你成为老板不可或缺的一员,他或她还必须相信你说的就是你真正想表达的,而且言行一致——并且时时刻刻都是这样。老板会留意你的言行比例。把你做的事除以你说的事。如果比值小于1比1,就会出现问题。换而言之,像对待客户一样对待你的老板。

最后,你的老板雇用你是有原因的。履行这个原因,并且遵循这个简单的建议:不要成为这样一群人中的一员,他们因交换掌握的信用而被聘用,却正因此而被解雇。简单地说,不要做一个傻瓜!

> 如果你不致力于让你的老板看起来很棒,你就不可能是不可或缺的。

如何与老板建立良好的关系?

履行承诺,按时完成。

对老板和团队忠诚。分享你的荣誉,不要参与饮水机旁的流言蜚语。

尊重界限,不要期望你的老板成为你最好的朋友。

知道如何诚实坦率地处理你与老板之间的分歧。

要求定期反馈,但不要总是寻求表扬。

学习所有你可以学到的东西

成为全面学习者!新工作能给你带来的最重要的回报远比薪资、奖金或者头衔更多,那就是你学到了什么。你接受这份工作的主要原因(如果你遵循了我们之前的建议的话)之一是获得新的技能和拓展你的经验。现在,你必须抓紧这些机会,你才能够在现有的工作和职位上成就更好的自己,从而获得提升或者有一份新工作。

我最喜欢一句话:"知识就是你所知道的,智慧是承认你不知道的,学习是两者之间的桥梁。"还记得70—20—10规律吗?就是说70%的学习和发展来自于能够拓展你技能和让你能够学到新技能的实践;20%来自于他人,尤其是你的老板;10%来自于培训和课程。利用每一次经历和机会去学习。让你的好奇心引领着你,保证持续地学习。

学习的全部意义就是要适应新的和不同的东西——开放性思维,有意愿去寻找并不那么显而易见的解决方案(在经验有可能出现偏差的情况下)。当你在事业上取得进步并成为一名领导者时,你需要保持好奇心,这将使你保持吸引力和专注度。领导者是以批判性思维而闻名,能够处理复杂和模棱两

第十一章

你的下一份工作

可的问题。现在就开始培养这些技能。学得越多，就能成就越多。随着你的进步，你周围的人也会进步。最终，整个组织将得到进步。

顺便说一下，为了降低跳槽的频率，好公司会花很大精力为员工提供培训。想要一个令人震惊的数字吗？我了解到，仅在2015年，公司就在员工培训上花费了超过700亿美元。所以，不要视人力资源部门的网络会议如无物，它看起来非常枯燥，但却能给你提供一套关键技能。（想到"Excel"这个词了吗？）此外，一项调查表明，近60%的公司表示愿意支付员工学费。

> 在任一个级别上，**工作不是简单地与你做什么相关**，还与你会学到什么相关。

网络，网络，网络！

我职业生涯中最大的经验就是世界的确是平的。你认识的某人认识另一个人，而这个人又认识其他的人，这个其他的人又认识另外的一个人，而这个另外的人认识你！当我写这一章时，光辉国际的一位董事会成员给我打了个电话，说他刚刚面试了一家美国大型连锁餐厅的CEO候选人。面试过程中，董事会成员问候选人住在哪里。当候选人说是加州某个城市时，这位董事会成员回答说："我最亲爱的朋友比尔和露易丝·史密斯住在那里。"这位候选人无法相信这一巧合。"比尔和露易丝是我的邻居。"

听到这个故事，我只是希望，看在求职者的份儿上，他能带来垃圾桶，而且他的狗不会把比尔的草坪搞得一团糟。

六度分离理论——任何人都可以通过不超过5个中间人的一串熟人与他人建立联系，这不仅仅是一种商业理论和你的职业理论，这是事实！在我的职业生涯中，我已经见过太多次了。建立人际关系网就是利用这些关系来让你获得优势。但是最大的误解是认为网络是关于你的，事实正好相反，人际关系网是关于他人的。

在开始你的新工作时，你的人际关系应

当提高到一个新的档次。首先，你的工作变动可能会在你的人脉圈子里传开，特别是当你更新领英的个人文档中你的职位名称并且链接新的雇主时，你可能会收到一些祝贺的电子邮件，还有来自于你的人际关系网络中一些人的请求，他们希望你能够就你得到这份新工作的方法提出职业建议。他们可能正处于你之前的求职过程的起始阶段：他们想换工作，但对从何开始毫无头绪。把经验传递出去吧！你现在在求职市场上的经验——有用的，没用的，面试时应该做的和不该做的——将会帮助到下一个人。这是培养和强化你的人际关系的另一种方式，首先关注你能给予什么。你应该被认为是一个真正对他人感兴趣的人。

但这还不是全部。你的新公司是一个人际关系网。每天都要打造这个关系网。从长远来看，它会有回报，短期内也会有巨大的回报。公司有正式的组织结构图、政策和程序。然而，几乎在每一家公司，都有一种独特的企业文化，解释如何真正去完成事情。我称之为非正式人际关系网络——有影响力的人，这些你求助于他们来完成事情的人。马上和你的同事谈谈，弄清楚这个关系网："谁是有影响力的人？""我怎样才能和她更好地共事？""他喜欢或不喜欢什么？"

然而，大多数人并不这么看待他们的工作。他们在舒适的麻木状态中四处游走

管理第一印象

当你开始工作时，你的新同事会对你产生一系列的第一印象。从你的着装到你对待别人的方式，你需要管理别人对你的感受。

大多数人会努力让你觉得自己受欢迎，他们会告诉你一些诀窍，回答问题，确保你有你所需要的东西。当你承认这些努力时，请记住你"优雅的客人"的行为：说请；谢谢每个人；尽你所能去回报。这看起来可能简单，甚至很明显，但令人震惊的是，有多少人在开始新的工作时，会这么想：**这都与我自己有关。**

（套用平克·弗洛伊德的话）。他们没有使用ACT来引导自己，很少考虑如何给人留下持久的印象。

贝丝就是这样。贝丝是一家中等规模公司的运营经理，她在那里已经工作了好多年。后来公司被一家更大的公司收购，情况开始发生变化。由于资历较深，贝丝认为她是安全的。

大多数人很少考虑如何给人留下持久印象。

在不确定的世界里做一个异类

一天,两个顾问来见贝丝和她部门的其他人。她对他们不屑一顾,说她太忙了。最终,在老板的坚持下,她同意与他们见面。但贝丝并没有全神贯注地关注他们,而是带着她从家里带来的食物,并在厨房间用微波炉加热。不仅气味让人分神,她还低着头坐在那里吃东西。

时间飞逝,大约两个月后,在两家公司整合的过程中,贝丝的职位被取消了。想象一下,当贝丝在领英上找到顾问,让他们把她介绍给其他公司时,顾问们感到很惊讶,因为她现在需要一份工作。咨询顾问们并没有尽全力帮助她,但也没有出岔子。他们并不是不友善,但考虑到贝丝在会议上的表现,把她推荐给其他公司似乎对他们的声誉构成了威胁。

这个故事的寓意是:没有人的办公桌上有可以预知未来的水晶球。你不知道会发生什么——你会得到意外的晋升还是你部门裁员的坏消息。你无法阻止不受你控制的事情。但如果你变得不可或缺,尽己所能去学习,并把每一次互动都当作建立人际关系的机会,你就会脱颖而出。

在这个瞬息万变的世界,有一件事我们是可以确定的,那就是明天必定不同于今天。全球化、数字化、自动化,这些进步的力量正给我们如何工作和在哪里工作带来压力。今天存在的一些工作将步铁匠和零售店员的后尘。在我看来,我们正处在一个劳动力进化的过程中,就像在19世纪晚期。今天可见的涟漪很可能在未来的几十年里成为带来重大变化的潮汐。你如何继续保持相关性?答案是永不满足地好奇,并成为一个全面学习的人。

尽管过去一个世纪的技术创新层出不穷,但一个简单的事实依然存在着:需要有才能的人才使企业成功,使企业组织强大。世界各地的公司仍然需要吸引、发展和联合那些从各种不同的定义来看,都表现出万花筒般多样才能和能力的人。具有包容性的组织将接纳多重差异,作为理解和服务全球客户的竞争优势。

你想成为万花筒的一部分,你想在你所从事的事业中脱颖而出,你不想泯于众人——低着头,随波逐流。

请允许我和你们分享一个故事:几年前,我去钓鲑鱼。这是一个美丽的秋日。参天大树,点缀着紫红色、黄色和橙色叶子,在蓝天的映衬下闪闪发光。我们穿着沉重的防水长靴,站在大腿深的河里,将鱼竿投到激流中。鲑鱼的数量太多了,以至于当它们成群游动时,都能够撞到我们,它们本能地向上游游去。

突然,一条鱼冲出水面。它强壮而灵活,在空中划出一道完美的弧线——一条"飞鱼"从它的队伍中飞出。太阳照在它背上的鳞片上,使它闪闪发光,五颜六色。

我站在那里惊奇地看着,被这个异类的美丽所吸引。这条鱼身上有一种与生俱来的东西——一群鱼中的个体,使它超越了其他鱼的自满情绪。

这一形象一直萦绕在我的脑海中,让我想起了和其他人一起"在溪流中"漂流的诱惑。周围有那么多满足于原地不动的人,人们很容易陷入危险的陷阱:已经做了足够多,不要做太多。他们谨慎行事,从不超出预期。他们就是占了人群总数的80%,但是只完成20%的工作总量的人。结果是随着潮流而去,被束缚,被自满的网缠住。

那么你呢?

你愿意成为一个异类,成为那些占总人数的20%却完成总工作量的80%的人群中的一员吗?你是否渴望超越他人?这些不仅仅是巧妙的隐喻和修辞问题。这些都是本书的精髓所在:无论将来的劳动力是什么样子,无论出现什么"热门工作",你都需要"锻炼"才能在你的职业生涯中成长——致力于自我提升,具备灵敏性和适应能力以及学习能力。换句话说,你需要掌控局面。

我留给你们的是:带着我们去月球的不是火箭,而是创新者。转型不是由机器完成的,而是梦想家的大脑。

第十一章

你的下一份工作

带着我们去月球的不是火箭,而是创新者。转型不是由机器完成的,而是梦想家的大脑。

附 录

了解你自己
你的KF4D评估

在接下来几页中,你将发现三个KF4D评估作为第二章讨论的补充:

- 特质评估
- 驱动因素评估
- 胜任力评估

每个评估都是一个有价值的练习,可以帮助你更好地了解自己。保持开放的心态。你可能会对你学到的东西感到惊讶!

了解你自己

你的KF4D评估

请就问题
2, 5, 7, 8, 11, 12打分

▶ 4分 强烈不同意

▶ 3分 不同意

▶ 2分 同意

▶ 1分 强烈同意

请就问题
1, 3, 4, 6, 9, 10打分

▶ 1分 强烈不同意

▶ 2分 不同意

▶ 3分 同意

▶ 4分 强烈同意

特质评估

1   我理解人们的感情和动机。 [   ]

2   我更关注未来或过去,而不是现在。 [   ]

3   我努力实现崇高的目标。 [   ]

4   发生在我身上的事情主要取决于我自己的努力。 [   ]

5   我倾向于寻找和我想法一样的人。 [   ]

6   我倾向于为别人排忧解惑。 [   ]

7   新想法使我偏离了方向。 [   ]

8   我喜欢独立地工作。 [   ]

9   我以激励他人而闻名。 [   ]

10 我通常期待事情会有最好的结果。 [   ]

11 我宁愿不承担主管职责。 [   ]

12 当我感到压力时,我的工作就会受到影响。 [   ]

外在表现

累加1、9项和11项,请参考如下描述。

0~6分

你的分值模式表明你倾向于理性,以身作则,听从他人的指示。这些特征是组织中"至关重要的多数人"的标志,有时与任务可重复、结构化和可预测的工作相关联。有趣的是,在行政服务、会计和制造业工作的个人往往表现出类似的分值模式。

200

附 录

7~12分

你的分值模式表明你擅长社交和表达情感。你可能会被认为善于交际、说服力强、有权威和沉着冷静。这些特征是领导者和高层管理者的标志,通常与任务新颖、不可预测、涉及人员管理的工作联系在一起。拥有类似分值模式的个人,通常在沟通、销售、市场营销、零售和高级管理人员等领域任职。

随和度

累加5,6,8项,请参考如下描述。

1~6分

你的分值模式表明你多疑、交友谨慎和喜欢独处。你对个人努力的偏好有时可能会给晋升带来挑战,但对于那些需要有限或指定协作的角色来说,这是一种优势。拥有类似分值模式的个人通常在公共安全、制造业、法律和行政服务等领域任职。

7~12分

你的分值模式表明你体贴、谦逊、擅长与他人合作且有包容心,并信赖别人。这些特点是团队合作取得积极成果的关键,并且通常也是雇主们极力追求的。类似的特点通常会在从事人力资源、市场营销、咨询、研发以及高级管理人员的个人身上看到。

努力程度

累加3,4,7项,请参考如下描述。

1~6分

你的得分模式表明你厌恶竞争,有机会主义的倾向,倾向于相信命运、运气或不可控制的力量在决定着生活。一般来说,这种模式有时与创造力的增加有关,但这不是高级管理者的典型特征,在任何角色中都可能对工作满意度和承诺发起挑战。在沟通、客户服务、行政服务,尤其是创意角色方面,类似的模式经常出现。

7~12分

你的分值模式表明你倾向于成就导向为人值得依赖,且意志坚定。你可能会被视为勤奋可靠的人,并且做事以结果为导向。当你追求目标遇到障碍的时候,你可能会坚持。这些特征是任何角色成功的关键,在管理通道中成长的成功人士中都可以看到。从事执行管理角色、战略规划、法律、市场营销和医疗保健方面工作的个人通常也会得到类似的分值。

积极性

累加2,10,12项,请参考如下描述。

1~6分

你的分值模式表明你倾向于现实主义、不隐藏情绪和善于反思。沉溺于过去或未来的倾向可能是从经验中学习的关键,但有时也与压力和焦虑相关联。然而,人们可能发现很容易了解你的情绪,这种情绪可以让人耳目一新,在交流中有时会需要它。从事制造业、创意领域、沟通和销售领域工作的个人往往也有类似的得分模式。

7~12分

你的分值模式表明你积极、乐观、沉着和专注力强。你可能有保留判断和"活在当下"的倾向,这可以作为面对压力和焦虑的自我保护。从事公共安全、医疗保健、零售和高级管理工作的个人中,通常会出现类似的评分模式。

了解你自己
你的KF4D评估

累加1, 4, 5, 7, 8, 9项，计算你的提升导向的得分。

累加2, 3, 6, 10, 11, 12项，计算你的保障导向的得分。

▶ 1分 很少

▶ 2分 少的

▶ 3分 有一些

▶ 4分 很多

驱动因素评估

你多大程度上受到……的激励

1	发展和追求自己的愿景	[ ]
2	与他人一起朝着共同的目标努力	[ ]
3	实现平衡的和多方面的生活方式	[ ]
4	获得他人的尊重和认可	[ ]
5	在激烈竞争中胜出	[ ]
6	可预见性和稳定性	[ ]
7	组织约束下的自由度	[ ]
8	影响力和权力	[ ]
9	具有挑战性的新任务	[ ]
10	传统和一致性	[ ]
11	群体的接纳程度和归属感	[ ]
12	工作/生活的平衡	[ ]

对比你的提升导向和保障导向的得分，看看哪个更高。然后阅读有关较高驱动因素的描述，从相应的解释中获得洞察（第203页）。

提升导向的描述

你的分数模式表明你有以提升为导向的动机倾向。这意味着，在工作中，你通常会寻找并努力接近你想要的环境，而不是避开不希望有的情况。你很可能会体验到追求目标的渴望和追求目标的喜悦。提升导向的个体倾向于更喜欢具有挑战性的角色，这些角色给个人成长、向上升迁和成功提供了机会。他们可能追求来自他人的尊重和认可，或倾向于具有创业者的精神和工作方法，而且更喜欢根据业绩给予晋升和奖励的环境。在创新性岗位上工作的个人在提升导向的动机上得分最高。其他高评分者通常包括高级管理人员、销售人员、战略规划者和金融服务专业人士。

保障导向的描述

你的分数模式表明了保障导向的动机倾向。这意味着，在工作中，你通常会寻找和努力避免不希望有的情况，而不是接近和争取想要的环境。保障导向的个体倾向于在工作中追求稳定、可靠，如果可能的话，寻求较小的工作压力。他们的动力来自于工作的保障，获得全方位的生活方式，有条理的明确的角色，并且是支持团队的一部分。他们通常更喜欢晋升和奖励来自资历和/或任期的工作。在卫生保健领域工作的个人在保障导向动机方面得分最高。其他高分获得者通常包括教育工作者、律师和从事研究、开发和工程的人员。

了解你自己

你的KF4D评估

请按照1~14题，给自己打分

▶ 1分 无相关技能

▶ 2分 技能较低

▶ 3分 有技能

▶ 4分 技能丰富

胜任力评估

#	项目	得分
1	冲突管理	[ ]
2	拥有广阔的视野	[ ]
3	理解业务	[ ]
4	确保自己和他人承担责任	[ ]
5	在事情不明朗的情况下保持投入	[ ]
6	处理来自多方相关者的需求	[ ]
7	制订和执行计划	[ ]
8	激励别人	[ ]
9	合作	[ ]
10	带领自己和他人渡过危机	[ ]
11	与不同的听众有效地沟通	[ ]
12	建立有效的团队	[ ]
13	拓展你的技能、知识和能力	[ ]
14	授权并消除障碍以完成工作	[ ]

人际能力

累加1、8、9、11、12项，然后参阅如下描述。

高分值≥15

在人际能力方面得分较高的人会运用沟通技巧，以及人际关系和组织能力来发展才能，并以此在组织中引领发展。在大多数角色中，高分值与较大的晋升可能性和更好的绩效表现有着显著的联系。高级管理、客户/客户服务、市场营销、销售、甚至信息技术等工作职能都倾向于让员工具备较高的胜任力。

低分值<15

在人际能力方面得分较低的人倾向于更喜欢独立地工作和以任务为导向。技术类角色和过程管理类角色在低得分者中更为常见。如果没有强大的人际交往能力，晋升就会变得很困难，就像当今许多组织表现出来的一样，这些组织越来越依赖协作、团队努力和横向影响的领导力。会计和行政服务专业人士的分数通常较低。

思维能力

累加2，3，6项得分，然后参阅如下描述。

高分值≥9

在思维能力方面得高分者倾向于将商业洞察力和广泛的战略思维结合起来，以帮助他们管理和处理复杂状况。他们倾向于创新、信息完善且与组织相关的决策。与人际能力一样，在大多数角色中，思维能力的高分与较大的晋升可能性和更好的绩效表现有着显著的关联。具有较高思维能力的个体往往占据着高级管理、战略规划、金融服务、市场营销、研发和信息技术等工作职能。

低分值<9

思维能力得分较低的人对工作和组织成果的看法往往比较狭隘。他们更喜欢经过实践检验的方法和结构化的工作环境，这些环境有更多的机械性任务和更少的复杂性。如果没有很强的思维能力，晋升就会变得很困难，就像当今许多组织的表现出来的一样，而这些组织越来越复杂，节奏越来越快，而且以变化为导向。

成果能力

累加4，7，14项得分，然后参阅如下描述。

高分值≥9

在成果能力方面得高分者倾向于将行动导向、应变能力和有效的计划结合起来，以推动执行和生成结果。他们倾向于重视并展示自己和他人的辛勤工作和责任感。虽然得高分与几乎所有角色的晋升可能性和更好的绩效表现都显著相关，但相关技能在很多情况下相对容易发展。高级管理、战略规划、销售、制造和运营等工作职能往往由在成果能力方面得高分的人担任。

低分值<9

在成果能力方面得分较低的人往往有一种稳定的、无目的的和顺从的工作方式。他们听从他人的安排，制订计划，确保执行，并在组织内部承担职责。他们可能看起来很满足，甚至是自满，不受竞争或高标准的驱使，也不看重超越期望的价值。如果没有强大的取得成果的能力，对大多数人而言，晋升和绩效都是很困难的。

自我能力

累加5，10，13项得分，然后参阅如下描述。

高分值≥9

在自我能力方面得分较高的人倾向于将快速学习和快速恢复能力结合起来，以帮助他们充分利用自己的经验，包括成功和失败的经验。他们往往具有很强的适应能力和勇气，能够管理和引领模糊的情况。与其他能力一样，在大多数人中，高分与晋升可能性和更好的绩效表现有着显著的联系。然而，与取得成果的能力不同的是，许多关键的自我能力是稀缺的，而且很难发展。诸如高级管理、战略规划和创造性角色等工作职能，往往是由具有显著提升的自我能力的人担任。

低分值<9

在自我能力方面得分较低的人倾向于采用一种不灵活的、过程导向的工作方式，而偏爱结构良好、细节导向、可预测的角色。他们可能无法有效地从经验中学习，尤其是失败的经验，他们可能无法适应去变化和/或不同的环境。他们可能缺乏弹性，在危机情况下也会失败。如果没有很强的自我能力，晋升就会很困难，就像当今许多组织表现出来的那样，这些组织越来越复杂，并且以变化为导向，目标和解决方案也处于模糊期。

附　录

简历样本

为了补充第六章的讨论，我们将简历分为四类：中级专业人员、高级管理人员（C-级别）、初级专业人员和刚刚毕业的大学毕业生/入门级员工。（人、公司和职位都是虚构的，并不代表真实的个人或组织。数字和百分比用"×"表示，以显示样式和格式。）

这些简历样本设置为西文字体，一种为便于阅读而选择的无衬线字体。也可以使用另一种衬线字体，如新罗马字体。简历是一份严谨的文件，所以要避免过于格式化的字体（比如脚本），这会分散对方的注意力。

中级专业人士

帕特和乔纳森（第六章）的简历表现出来了一种有效的途径来展示中级专业人士的能力和经验。值得注意的是，帕特和乔纳森使用了职业概述，让他们的职业和成就一目了然。

帕特（样本）

亚利桑那州，凤凰城，
南大道888号2121公寓，85001
手机：（600）600-0000
家庭电话：（600）000-6600
pat.sample@sample.com

职业概述

- 医疗保健行业高级管理人员，拥有14年的创业和全球管理咨询经验
- 在采购商和供应商方面拥有深厚的行业知识
- 具备从理念到最终盈利的创业经验
- 领导了大型医疗公司的重大战略和运营计划的实施

职业经历

健康线，凤凰城   2013年至今

由哈佛校友于2010年创立的一家医疗保健IT公司。它的技术平台卖给了支付机构，使他们能够使用专有的分析技术来比较供应商。

副总裁，产品发展

- 管理层团队成员，向CEO汇报；公司前五名员工之一。
- 通过产品的商业化推动公司增长。

主要成绩

- 界定客户细分市场和经济状况。开发数据驱动的销售流程，发展出××个新客户。
- 将××产品理念引入客户端解决方案。
- 开发专有算法以支持对客户影响度的测评。
- 与战略合作伙伴建立联盟以促进销售增长，实现了××万美元的收入。

全球咨询公司，芝加哥　　　　　　　　　　　　　　　　　　　　2009—2013年

战略性咨询集团，在×个国家××个城市拥有×,×××名员工。

首席顾问，医疗保健

- 领导美国领先医疗保健系统的战略、并购和运营改进计划。

主要业绩

- 美国第三大健康计划KNT以×亿美元收购Sensar计划的项目负责人。监督××个团队确定了×××万美元的合并后的协同运营率。
- 计划领导了三方医疗系统合并，在德克萨斯州建立一个×亿美元的全州网络。
- 领导了众多领先医疗保健公司的战略和业务流程再造项目。

高地合作伙伴咨询，达拉斯　　　　　　　　　　　　　　　　　　2003—2009年

小型战略和组织咨询公司，为财富一百强客户提供消费品和医疗保健方面的专业服务。

战略咨询高级合伙人（2005—2009年）

- 多年领导战略和变革任务的经验。
- 负责××顾问/助理团队的管理。

合伙人，人才与组织咨询（2003—2005年）

教育背景

哈佛大学
MBA，2003年

贝勒大学
文学士学位、经济学（荣誉），2001年

高级管理人员

在高级层级，职业概述不是必需的，因为组织强调的是技能和能力；他们是担任高级领导职务的关键人物。苏珊和布鲁斯的简历样本是从他们的职业经验开始的，突出了他们曾经工作过的公司和职位名称。

苏珊（样本）

普林斯敦花园街333号，
新泽西州08000
家庭电话：（222）000-0000
手机：（333）111-1111
电子邮箱：susan.sample@samplemail.com

职业经历

森塔拉化妆品公司，普林斯顿   2011年至今

高端化妆品公司，年收入×××万美元，拥有××××名员工。在聘用时，有私募股权。在2017年成功上市。

首席执行官
- 受雇于私募基金公司，以扭转公司状况，加速业务增长。
- 在职期间，企业价值翻了两番，销售额增长×××万美元，EBITDA增长××万美元。

卢米纳保健，西雅图   2008—2011年

美国第五大个人护理产品制造商（收入×××万美元，员工×××人）。是巴特公司的子公司。

首席营销官和战略负责人
- 负责战略、营销、研发、监管、消费者护理和并购。
- 在三年内帮助企业价值增长××万美元。

克罗夫特和夏普，辛辛那提   2000—2008年

NYSE：CAZ跨国个人护理公司，全球销售额×亿美元，员工××××人。

高级副总裁兼总经理，化妆品（2005—2008年）
- 负责×类××品牌化妆品系列；实现×××百万美元的销售额。
- 年销售额增长××%。

副总裁，眼霜事业部（2002—2005年）
- 领导眼霜事业部；销售额和利润分别增长了×%和×%。
- 成功推出三条新产品线，并实现了向拉丁美洲市场的扩张。

高级品牌经理，旧金山（2000—2002年）
- 重新定位两个主要品牌，实现销售额增长××%。

美国咨询集团，旧金山   1996—2000年
全球战略咨询公司，在××国家拥有××个办事处。

首席顾问（1998—2000年）
- 管理与财富500强企业的全方面的关系和服务的实施，专注于零售和消费品领域。

高级合伙人（1996—1998年）

营养制品公司，洛杉矶   1992—1994年
私营消费品和营养公司，收入×亿美元，×××××名员工。

研究分析师，市场营销

教育背景

康奈尔大学
MBA，1996年

加州大学洛杉矶分校（UCLA）
心理学学士学位，1992年

委员会
- 现任职：YWWA普林斯敦大学董事会成员（2013年至今）
- 曾任职：俄亥俄州儿童癌症研究基金（2005—2008年）

其他
- "40位40岁以下商业精英"活动的获得者（营销类，2005年）
- YPO（青年总裁组织）成员
- 加州大学洛杉矶分校女子划艇队成员（1989—1991年）

布鲁斯（样本）

1075木兰花街，圣亚特兰大
佐治亚州30301
手机：（404）000-0000
电子邮箱：BruceSample@sample.com

职业经历

霍根物流与运输，亚特兰大　　　　　　　　　　　　　　　　2012年至今

私人控股的多式联运物流供应商，年销售额×××万美元，员工×××××人。

首席执行官（2014年至今）

成为首位非家族CEO。
- 实现了增长战略：
  - 收入从2014年的×××万美元增加到2017年的×××万美元。
  - EBITDA上升××%至××万美元。
- 成功推出×条新产品线，目前占收入的×%。

首席运营官（2012—2014年）
- 使物流基础设施数字化，节约了成本××万美元。
- 成功完成与XYZ物流的对等合并。

个人休假/咨询　　　　　　　　　　　　　　　　　　　　　　2010—2012年

休假15个月照顾年迈的父母；继续为苏普拉物流提供咨询服务。

苏普拉物流，萨凡纳，佐治亚州　　　　　　　　　　　　　　　2004—2010年

苏普拉物流是一家总部位于英国的货运代理子公司，年收入×××万美元。

副总裁（2006—2010年）

负责苏普拉价值×××万美元的合同物流业务。
- 重组业务；招募了新的领导团队，实现了××%的销售增长。

采购总监，迈阿密（2004—2006年）
- 重新设计并执行新的采购战略计划，节省了×万美元的成本。

汉森食品，丹佛　　　　　　　　　　　　　　　　　　　　　　　　1993—2004年
全球第二大食品/饮料公司，销售额×××亿美元，员工××××××人。
区域食品服务总监（2001—2004）
- 引领中西部市场的复苏，承担P&L职责，实现了××亿美元的盈利。

采购总监，非食品类　　　　　　　　（1998—2001年）
类别采购经理/高级采购员　　　　　　（1995—1998年）
经理，设备工程　　　　　　　　　　（1993—1995年）

服役经历

美国陆军，驻扎在世界各地　　　　　　　　　　　　　　　　　　　1983—1993年
在不同的领导岗位上工作了十年，承担着不同的责任。
- 执行官(上尉)，×××分部。
- ×××士兵后勤组织××准将副官。
- XYZ和ABC操作期间运输部门指挥官。
- 授予青铜星章。

教育背景

美国西点军校
经济学学士，毕业时排名班级前5%，1983年

> **初级专业人士**
>
> 初级专业人员/主管的简历也会剔除职业概述,但原因与高级管理人员的简历完全不同。初级专业人员通常没有足够的相关经验来总结,所以他们的简历应该直接立即专注于他们最初的工作和取得的成就。

格蕾丝(样本)

波士顿日落大道111号,
马萨诸塞州02110
电子邮箱:GraceSample@sample.com
手机:(777)111-1111

职业经历

罗利发展公司,波士顿   2014年11月至今
拥有×亿美元资产的国家房地产开发商。

金融项目经理
- 管理价值×××万美元的多功能房地产项目,从概念开始到竣工完成。
- 分析在××州的潜在房地产收购项目,完成总价值×××万美元的交易。
- 被提升为拥有×名开发人员的团队领导。
- 开发新的估值模型,为公司节省超过××万美元。

PXP全球顾问公司,波士顿   2013年7月—2014年10月
全球金融咨询公司;管理资产总额××亿美元。

助理,私人财富管理
- 管理客户服务和沟通。
- 为合作伙伴研究新的投资产品。

教育背景

利哈伊大学,商业与经济学院
工商管理学士,房地产金融辅修(GPA 3.9), 2013年
2012年在南非开普敦大学留学5个月

伦敦美国学校
高中文凭,美国课程,2009年

参加的活动和组织

利哈伊大学CBE海外留学导师项目
联合创始人兼副总裁；两名被选中开始CBE海外留学导师项目的学生之一

利哈伊大学篮球俱乐部
财务主管

卡帕阿尔法协会，宾夕法尼亚州阿尔法
董事长

技能

66系列，项目管理专业(PMP)认证

李（样本）

圣母峰路111号，222号公寓
阿灵顿，弗吉尼亚州，55555
电子邮箱：lsample@leesample.com
手机：411-000-0000

社交媒体：
推特（Twitter）： @LeeSampleFashion
照片墙（Instagram）： LeeSampleFashion
个人网址： http://leesample.aboutme
领英（LinkedIn）： https://www.linkedin.com/in/leesample

职业经历

李版时装有限责任公司，阿灵顿，弗吉尼亚州   2015年至今

线上时尚品牌，年销售额×万美元，员工××人。

www.leesamplefashion.com

联合创始人兼首席执行官
- 在Instagram、Twitter发展了×××××名粉丝，共同打造全球时尚品牌。
- 拥有媒体和名人代言，包括Viva、Glama和ABCD。
- 与××家位于美国、英国、印度和俄罗斯的公司建立了合作关系。
- 正在与一家中国领先时装公司商谈收购。（预计2017年年底结束交易）

个人间隔年   2014年

在欧洲和亚洲个人旅行，去过××个国家。

维迪品牌，华盛顿特区   2013年6—12月

领先的广告和品牌公司。

初级品牌经理
- 为维迪品牌推出社交媒体活动。

实习经历
Keisuki时尚，纽约
实习生，2012年暑期

唐纳德投资管理，巴尔的摩
2010年和2011年暑期实习生（各3个月）

教育背景

约翰霍普金斯大学
文学学士学位，经济学，辅修工程，2013年

技能

中文流利（说和写）。

> **应届大学毕业生**
>
> 刚刚大学毕业或者刚刚开始进入劳动力市场的人的简历通常以他们的教育和学位开始。工作经验和实习经历分别列出，以明确区分带薪和无薪工作经验。

斯蒂芬妮

112大街西123号
纽约城，纽约州，12312
手机：212-111-1111
StephanieSample@sample.com
www.stephanie.sample.net

教育背景

锡拉库扎大学
传播学学士，政治科学辅修(GPA 4.0)
学术荣誉：最高荣誉，院长提名

工作经历

NewPost.com，纽约　　　　　　　　　　　　　　　2016年10月至今
数字新闻网站平均每月有×××万访问量。

编辑助理-政治部门
报道国家政治的编辑团队的一部分。与总编紧密合作，参与每日新闻发布会。管理NewPost/NY.com网站的主页，协调社交媒体和监控流量。

实习经历

HallinganPolitics.com，纽约　　　　　　　　　　　2016年6—10月
热门政治新闻博客(大媒体有限责任公司所有)

编辑实习生
· 各方面协助撰写和编辑新闻报道，包括为获奖的SpotCheck调查组工作。

WNNY，锡拉库扎丘兹　　　　　　　　　　　　　　2016年1—5月
本地XYZ新闻附属电台。

制作实习生
· 协助制作团队；运营WNNY.com网站。

相关技能和课外活动
精通西班牙语；2014年和2015年两个暑假在美国服务学生处工作。
多米尼加共和国婴儿/母亲健康计划志愿者。

贝塔姐妹会主席。

附 录

面试
建议和见解

为了补充第九章和第十章的讨论,我们在此附加了一篇来自光辉国际专家的建议和见解,该建议和见解与典型的面试实践和常见错误有关。

从求职到入职

求职面试中常见的要素

面试时间不要持续很久

平均面试时间不超过40分钟。更有趣的是，最近的一项研究显示，标准差（±差异量）是25分钟。这意味着只有一小比例的面试时间超过一个小时，而且面试时间只有15分钟也不是什么新鲜事。

人们对传递和收集信息的重视程度大致相当

在大多数组织中，面试具有双重功能：一方面是评估潜在雇员的机会；另一方面也是向求职者推销组织的机会。

语调通常是非正式的和非结构化的

通常情况下，面试的大部分时间都集中在建立融洽的关系和为求职者培养良好的"感觉"上。在此过程中，对话常常会顺其自然地从一个话题转移到另一个话题，这取决于双方的兴趣。

面试与面试之间的内容是不一致的

面试官在与每个求职者面试时，通常会引用一小部分标准问题。除了这些问题外，面试的内容可能会不尽相同，这取决于候选人的背景，以及谈话中出现的话题。即便是同一职位的面试，面试内容也可能有所不同，这可能会让求职者之间的比较变得困难。

记笔记的作用有限

一些面试官会自然地做大量的笔记。不过，大多数人喜欢在简历中不时地记录一些观察结果或强调一些值得注意的信息。大部分的面试时间将会在面试官不做任何笔记的情况下度过。

基本的关注点通常在于技术能力和个人的成就。一旦面试官觉察到该求职者可以录用，他们通常会将注意力转移到其是否具备日常工作所需的技能和能力上。因此，他们更关注求职者的知识基础和成就履历，而不是类似于战略思维能力，或者通过他人完成工作的能力，或以勇气和沉着应对困难的能力等方面。

附录

用人经理在寻找什么

我们求助于光辉国际的专家和光辉国际的面试架构体系,通过这个视角,我们考察了雇主想要在中层领导和业务部门领导身上寻求什么。请注意,尽管中层领导和业务部门领导的资料中包含了一些差异之处,但它们非常相似,我们可以将它们结合在一起进行讨论。

准入门槛是什么

这是中层领导和业务部门领导应该具备的基本技能和能力。拥有这些技能和能力并不会让一个人变得特别,这只会让候选人和其他所有合格的人一道被考虑进去。

确保承担责任

让自己和他人承诺履行承担职责。

合作

建立伙伴关系并与他人合作,以实现共同目标。

决策质量

及时做出正确的决定,使公司继续前进。

资源配置

确保有效地部署资源。

有效沟通

加强和传递多模式沟通,以传达对不同受众的独特需求的清晰理解。

从求职到入职

你如何展示自己

接下来的一系列技能和能力定义了"竞争优势"。根据我们的研究,这是面试官最有可能去寻求的,也是中级或业务部门领导职位的候选人能够脱颖而出的地方。

吸引高端人才
吸引和选拔最优秀的人才以满足当前和未来的业务需求。

驱动敬业度
创造一种氛围,在这种氛围中,人们受到激励,并尽最大努力帮助组织实现其目标。

展示自我意识
通过反馈和反思的结合,对个人的优势和不足进行有效的洞察。

优化工作流程
了解最实用和最有效率的流程来完成工作,并关注于持续的改进。

全球视角
在处理问题时要有长远的眼光;使用全球视角。

自我发展
积极寻求新的增长方式,通过正式和非正式的发展渠道来应对挑战。

业务洞察力
运用商业和市场知识来推进组织的目标。

管理复杂性
了解复杂的、大量的有时是矛盾的信息,来有效地解决问题。

灵活的学习
在处理新问题时,通过实践来积极地学习;用成功和失败作为学习素材。

附 录

具备弹性
面对困难时，从挫折和逆境中快速恢复过来。

你如何脱颖而出

顶级的技能和能力是有差异的，它们更少，也更难培养。拥有这些能力或在这些领域显示潜力的中层和业务部门领导更有可能脱颖而出。

管理冲突
以最少的争议，有效地处理冲突情况。

培养创新
为组织取得成功创造出更好的新方法。

情境适应性
及时调整自己的行为方法和举止，以匹配不同情况下不断变化的需求。

战略思维
展望未来的可能性，并将其转化为有突破性的战略。

建立有效的团队
建立团队，运用不同的技能和观点来实现共同的目标。

管理模糊状况
即使状况不确定或前进的道路不明确，也能有效地运作。

构建人际网络
在组织内外部有效地建立正式和非正式的人际关系网络。

发展人才
发展员工以实现他们的职业目标和组织的目标。

驱动以实现愿景和目标
描绘一幅关于愿景和战略的竞争性图画,以激励他人去行动。

勇气
加大步伐去解决困难问题;说出需要说的话。

价值观差异化
认识到不同的观点和文化给组织带来的价值。

人际交往能力
以开放和舒适的态度与不同群体的人交往。

说服力
使用令人信服的论据来获得他人的支持和承诺。

光辉国际职业提升项目

一个360度方法以提升你的职业生涯

在光辉国际,我们向800万高管展示了如何实现职业目标。现在,利用50多年来屡获殊荣的专业知识,我们提供了一个新的解决方案来帮助像你这样的人:KF职业提升项目。

KF职业提升项目提供了360度全方位职业提升机会。我们在高管招聘、评估、学习和领导力发展,以及薪资谈判方面积累了数十年的专业经验,帮助员工追求有价值的职业机会。

我们的项目是为您和您的目标量身定制的,同时让您了解光辉国际7 000多名人力资本专家的集体知识。您的KF职业提升会员权益包括如下内容。

一对一的职业提升方案

与业内最优秀的人一起工作。光辉国际顾问公司每隔3分钟就会安排一位求职者就职于一个新职位,每个月都会挖掘几千名高管和专业人士,因此我们确切地知道企业需要什么。你将和一位私人顾问一起工作,他会为你提供定制化战略来引导你在职业道路上的发展。

自我完善

KF职业提升项目让你深入了解你的特质、技能和盲点。此外,通过深入了解你的测评结果,我们会分析你是否适合你的工作,并帮助你充分发挥你的优势和风格,制订超越你当前职业轨迹的发展计划。

简历印象

创建一份引人注目的很有影响力的简历。简历构架师系统通过今天最新的简历解析技术来创建你的简历,然后帮助你创建一个不太可能被招聘人员或者一个糟糕的自动化的简历系统屏蔽的简历。

定制化的面试反馈

在评估你的面试风格之后,面试专家会给你量身定制面试反馈,告诉你如何准备和完善自己。这是你所需要的面试反馈,这些反馈可以使你通过大部分的面试,从而引领你找到下一份工作。

工作探测仪

你能够进入一个私人工作平台，目前有超过200万个就业机会在此平台上。在我们独家平台上发布的每一份工作都直接来自于想要聘用像你这样的人的雇主。

光辉国际职业提升系统薪酬核查

考虑到你的工作和求职市场，光辉国际薪酬专家将利用我们全球领先的薪酬数据库中的2 000万个数据点来帮助你。无论你是转岗到一个新的职位，还是在为你的年度评估做准备，我们都会为你提供你需要的薪酬数据，让你了解自己的价值，使你的薪酬和福利发挥最有效的作用。

欲了解更多关于KF提升系统的信息，请登录网址KFAdvance.com或KFAdvance.com/losetheresume。

致 谢

有一天，我们坐在一家熟食店吃午餐时，一个主意灵光一现：写一本关于如何求职的书，不是每个人都可以夸夸其谈的普通的建议，而是真正有用的东西。我们所有人都能说出无数个出于好意的人的名字，但绝对是毫无头绪。这些人需要严格的爱和不加修饰的真相，没有人会告诉他们，无论是配偶、伙伴、导师还是其他人。

我们很喜欢这个想法，并立即尝试去验证它。就在那时，我们的服务员过来请我们点菜。我们向他讲解了这个概念，并给他看了三个可能的标题，这三个标题是我们在当天特色菜卡片的背面简略地写出来的。"扔掉简历——这说明了一切，"他赞同地说，然后就给我们拿饮料去了。

过了一会儿——在老板命令他清理多张桌子，同时还要处理餐厅一半的订单之后，我们超负荷工作的服务员回来了。他凑过来小声说："我什么时候能拿到这本书?我正在找一份新工作。"

这本书献给所有辛勤工作的服务员、办公室职员、销售助理、护士、教师、顾问、经理和其他专业人士，而所有这些人都讨厌他们的老板，他们的才能没有得到充分利用，他们在自己所从事的工作上没有得到赏识——但他们仍然有做出改变的激情。这就有希望。

我要特别感谢丹·格勒、帕特里夏·克里斯福利和乔纳森·达尔，他们的辛勤工作都体现于本书中；感谢达娜·马丁·波尔克，感谢她帮助整个成书过程顺利进行。非常感谢罗伯特·罗斯和罗兰·马德里设计和排版这些页面。

我也要感谢凯文·卡什曼、斯图·克兰德尔、凯特·科勒、詹姆斯·刘易斯、比尔·西布拉和因加·沃尔特的宝贵帮助和见解。

此外，还有许多人提供了支持、见解、热情和故事。

布赖恩·阿克曼	卡莉·布朗尼
弗兰兹·吉尔伯特	查德·海斯特
斯科特·亚当斯	亚当·伯顿
帕布鲁·高法利	卡罗莱·海宁
利兹·阿利森	谢丽尔·布克斯顿
萨曼莎·古德曼	邦妮·霍洛布
科斯梅·阿尔玛达	米歇尔·凯普拉
瓦伦·萨帕特·戈鲁尔	克里斯廷·黄
里克·阿伦斯	道格·查尔斯
卡西·哈伯特·冈瑟	布拉德·怡丁
朱莉安娜·巴雷拉	布赖恩·戴维斯
马特·古林	姆万巴·卡桑达
凯蒂·贝尔	穆拉格·多伊格
肯·哈马达	彼得·凯泽尔
玛丽安·布莱尔	查克·埃尔德里奇
佩里·汉森	罗斯·柯克姆
肯尼思·布卢姆	珍妮特·费尔德曼
丽莎·玛丽·汉森	艾罗·卡明斯基
亚当·布兰伯格	布里·菲勒
克拉克·哈沃纳	乔纳森·奎伊

**如果没有你们每一个人——事实上，如果没有光辉国际全球近 8 000 人中的任意一人，这本书就不可能完成。

克里斯汀·福克斯	米歇尔·斯坦茨
莱昂纳多·拉克鲁斯	希拉里·皮纳尔
博兰·伯特	布赖恩·苏
伊戈尔·施密特	拉吉·拉玛钱德朗
克雷林·林	尼基·恩斯沃思
卡丽·夏皮罗	芭芭拉·拉莫斯
科迪·洛夫兰	卡洛琳·冯
尼古拉·少科特	伯纳黛特·里格尼
托尼·马里纳斯卡	埃里克·范·泽姆
卡洛斯·阿尔贝托·席尔瓦	比阿特·里维拉
格鲁吉亚·玛特	乔纳森·瓦尔加斯
比尔·西蒙	艾米莉·鲁宾逊
托马斯·麦克马伦	乔治·沃尔默
阿丽亚娜·苏勒	瑞奇·罗素
斯图亚特·梅莱亚	赛琳娜·袁
特洛伊·斯蒂斯	布雷特·莱德
雷切尔·奥康纳	杰克·扎布科维奇
赛斯·斯坦伯格	史蒂夫·赛弗
布鲁斯·彼得森	罗恩·泽拉
克雷格·斯蒂芬森	伊丽莎白·施艾佛
艾米莉·佩特罗	

**这本书中所有的故事都是真实的或者是贴近真实生活的。为了保护当事人、参与人以及介于二者之间的人,我们修改了姓名和相关细节(包括样本简历)。

NOTES

NOTES

NOTES